Bös u. a.

Deutscher Motorik-Test 6-18
(DMT 6-18)

dmt 6-18
Deutscher Motorik-Test

Schriften der Deutschen Vereinigung für Sportwissenschaft Band 186

Klaus Bös

unter Mitarbeit von Lars Schlenker, Dirk Büsch, Lena Lämmle, Hermann Müller, Jennifer Oberger, Ilka Seidel & Susanne Tittlbach

Deutscher Motorik-Test 6-18 (DMT 6-18)

Erarbeitet vom ad-hoc-Ausschuss »Motorische Tests für Kinder und Jugendliche« der Deutschen Vereinigung für Sportwissenschaft (dvs)

Czwalina Verlag Hamburg

Deutscher Motorik-Test 6-18 (DMT 6-18). Hamburg: Czwalina 2009.

Autoren: Klaus Bös unter Mitarbeit von Lars Schlenker, Dirk Büsch, Lena Lämmle, Hermann Müller, Jennifer Oberger, Ilka Seidel & Susanne Tittlbach

Redaktion: Lars Schlenker, Frederik Borkenhagen

Fotos: Institut für Sport und Sportwissenschaft, Universität Karlsruhe (TH)

Logo: Katarina Bös

Deutsche Vereinigung für Sportwissenschaft
ad-hoc-Ausschuss »Motorische Tests für Kinder und Jugendliche«

Prof. Dr. Klaus Bös, Universität Karlsruhe (Sprecher)
PD Dr. Dirk Büsch, IAT Leipzig
Prof. Jürgen Kretschmer, Universität Hamburg
Prof. Dr. Martin Lames, Universität Augsburg
Prof. Dr. Hermann Müller, Universität des Saarlandes (jetzt: Universität Gießen)
Prof. Dr. Jörn Munzert, Universität Gießen
Prof. Dr. Klaus Pfeifer, Universität Erlangen-Nürnberg

Gäste:
Dr. Marc-Oliver Dillinger, Ministerium für Inneres, Familie, Frauen und Sport des Saarlandes
PD Dr. Christoph Igel, dvs, Universität des Saarlandes
Dr. Ulrike Kraus, Innenministerium Nordrhein-Westfalen
Peter Lautenbach, Deutsche Sportjugend, Frankfurt am Main
Dr. Ilka Seidel, FoSS Karlsruhe
Prof. Dr. Bernd Strauß, dvs, Universität Münster
Prof. Dr. Ulrike Ungerer-Röhrich, dvs, Universität Bayreuth
Liesel Westermann-Krieg, Kultusministerium Niedersachsen

Kontakt

Prof. Dr. Klaus Bös, Universität Karlsruhe, Forschungszentrum für den Schulsport (FoSS), Kaiserstraße 12, 76128 Karlsruhe, dmt@sport.uka.de, www.deutscher-motorik-test.de

ISBN: 978-3-88020-520-8
ISSN: 1430-2225 (Schriften der Deutschen Vereinigung für Sportwissenschaft, Band 186)

Eine Edition im FELDHAUS VERLAG GmbH & Co. KG
Postfach 73 02 40, 22122 Hamburg
Telefon +49 40 6794300-0, Fax +49 40 67943030
post@feldhaus-verlag.de, www.feldhaus-verlag.de

Druck und Verarbeitung: WERTDRUCK, Hamburg
Gedruckt auf chlorfrei gebleichtem Papier

Bibliografische Information der Deutschen Nationalbibliothek
Die Deutsche Nationalbibliothek verzeichnet diese Publikation in der Deutschen Nationalbibliografie; detaillierte bibliografische Daten sind im Internet über http://dnb.d-nb.de abrufbar.

Inhaltsverzeichnis

Geleitwort

Für die Sportministerkonferenz besitzen Bewegung, Spiel und Sport eine ganz wesentliche Bedeutung für die Persönlichkeitsentwicklung sowie einen positiven Gesundheits- und Bewegungsstatus von Kindern und Jugendlichen. Zugleich kann über entwicklungsgemäße und spaßbetonte Bewegungsangebote der Grundstein für ein lebenslanges Sportengagement gelegt werden. Daher hat die Sportministerkonferenz in den vergangenen Jahren in ihren Beschlüssen zum Kinder- und Jugendsport wiederholt Maßnahmen vorgeschlagen, um die infrastrukturellen und personellen Rahmenbedingungen für Bewegung, Spiel und Sport im Kindes- und Jugendalter zu optimieren.

Insbesondere hat die Sportministerkonferenz im Jahr 2006 empfohlen, bundesweit das Niveau motorischer Fertigkeiten und Fähigkeiten von Kindern und Jugendlichen kontinuierlich zu erheben, um zukünftige politische Entscheidungen auf der Grundlage verlässlicher Daten treffen zu können. Die Deutsche Vereinigung für Sportwissenschaft (dvs) wurde gebeten, der Sportministerkonferenz ein geeignetes Testverfahren vorzuschlagen.

Bereits auf der 31. Sportministerkonferenz im Jahr 2007 wurde der vorliegende Deutsche Motorik-Test vorgestellt und von der Sportministerkonferenz mit großer Zustimmung zu Kenntnis genommen. Mit der vorgeschlagenen Testbatterie liegt nun ein Verfahren vor, das den Ländern die kontinuierliche und repräsentative Erhebung der körperlichen Leistungsfähigkeit von Kindern und Jugendlichen bei sehr einfacher Handhabung und ökonomischer Durchführbarkeit ermöglicht. Dabei ist auf der Grundlage der Ergebnisse einerseits eine Intervention bei den getesteten Kindern und Jugendlichen über zielgerichtete Handlungsempfehlungen möglich. Andererseits erlaubt eine periodische repräsentative Testdurchführung Veränderungen der motorischen Fähigkeiten und Fertigkeiten der Kinder und Jugendlichen über die Zeit festzustellen und allgemeine Entwicklungstendenzen in diesem Bereich als Grundlage für politische Bewertungen aufzuzeigen.

Ich möchte mich daher bei allen beteiligten Institutionen und Personen – insbesondere bei Herrn Prof. Dr. Strauß als Präsidenten der dvs und bei Herrn Prof. Dr. Bös als dem Vorsitzenden des ad-hoc-Ausschusses »Motorische Tests für Kinder und Jugendliche« – für ihre engagierte und kompetente Unterstützung bedanken. Insbesondere freut es mich, dass im ad-hoc-Ausschuss der dvs renommierte Experten der verschiedenen sportwissenschaftlichen Teildisziplinen vertreten waren. Damit konnte sichergestellt werden, dass unterschiedliche Gesichtspunkte im Diskussion- und Entscheidungsprozess berücksichtigt wurden. Dies verleiht dem Deutschen Motorik-Test einen besonderen Stellenwert und sichert eine breite Akzeptanz.

Lothar Hay
Vorsitzender der Konferenz der Sportminister der Länder in der Bundesrepublik Deutschland

Geleitwort

Die dvs ist sehr gerne der Anfrage der Sportministerkonferenz (SMK) aus dem Jahr 2006 gefolgt, ein standardisiertes und praktikables Testverfahren zur Erhebung der motorischen Fähigkeiten von Kindern und Jugendlichen vorzuschlagen. Die dvs hat dem Anliegen eine hohe Priorität gegeben, auch aus der Überzeugung, dass ein solches Vorhaben dringend notwendig ist, um einen nachhaltigen Beitrag zur positiven Entwicklung von Kindern und Jugendlichen zu leisten. Es wurde ein ad-hoc-Ausschuss »Motorische Tests von Kindern und Jugendlichen« eingesetzt, dem sieben der führenden Sportwissenschaftler auf diesem Gebiet angehören. Die Leitung des Ausschusses wurde Professor Dr. Klaus Bös (Universität Karlsruhe) übertragen.

Mit Beginn der Beratungen am Beginn 2007 war es das vordringliche Ziel des dvs-ad-hoc-Ausschusses, zu sichten und zu entscheiden, ob bereits vorliegende Testverfahren der SMK in Teilen oder im Ganzen vorgeschlagen werden können und ob ggf. gänzlich neue oder teilweise neue Testverfahren zu entwickeln sind und welche Schritte hierfür notwendig wären. An den Beratungen des Ausschusses nahmen Gäste von Seiten der SMK und der KMK teil, um gleich von Beginn der Arbeit an einen engen Austausch zu gewährleisten.

Der Abschlussbericht des Ausschusses konnte der SMK termingerecht im November 2007 vorgelegt werden. Er enthielt einen auführlich begründeten und wissenschaftlich abgesicherten Vorschlag für einen Test und wurde von der SMK zustimmend angenommen.

Mit dem »Deutschen Motorik-Test« (DMT 6-18) liegt jetzt ein Instrumentarium vor, mit dem es in ökonomischer und effizienter Weise möglich ist, den motorischen Status von Kindern und Jugendlichen in Deutschland standardisiert und kontinuierlich mittels einer wissenschaftlich abgesicherten Testbatterie zu erheben. Ich wünsche dem Test eine breite Akzeptanz sowie eine bundesweite Verbreitung in Schule und Verein.

Allen Beteiligten, die die Erarbeitung und die Publikation dieses Tests möglich gemacht haben, spreche ich meinen herzlichen Dank aus. Herausheben möchte ich drei Personen: Professor Dr. Klaus Bös, ohne dessen äußerst kompetente und engagierte Arbeit dieses wichtige Vorhaben sicher nicht hätte gelingen können, Frederik Borkenhagen, der als Geschäftsführer der dvs den gesamten Prozess der Arbeit des Ausschusses von dvs-Seite betreut und diese Veröffentlichung verlagsseitig mit gewohnt großer Sachkenntnis betreut hat, sowie Dr. Marc-Oliver Dillinger, der von Seiten der SMK dieses Projekt sehr professionell und mit großem Engagement koordiniert hat.

Dieses Projekt ist aber auch ein Beispiel für die hervorragende institutionelle Zusammenarbeit zwischen SMK und dvs. Die dvs freut sich auf zukünftige Projekte und eine weitere Intensivierung der Zusammenarbeit.

Prof. Dr. Bernd Strauß
Präsident der Deutschen Vereinigung für Sportwissenschaft (dvs)

Vorwort

Der Deutsche Motorik-Test (DMT) ermöglicht die Messung und Bewertung motorischer Fähigkeiten von 6- bis 18-jährigen Kindern und Jugendlichen. Der DMT wurde in einem Ausschuss der Deutschen Vereinigung für Sportwissenschaft (dvs) unter meiner Federführung entwikkelt. Den Anstoß dazu gab eine Anfrage der Sportministerkonferenz (SMK) an die dvs.

Im ersten Schritt wurden vorhandene Tests in Expertenanhörungen diskutiert. Wesentlich beeinflusst wurde der hier vorgelegte Testvorschlag durch das bundesweite Survey MoMo, in dem repräsentativ für die Bundesrepublik Deutschland rund 5.000 Kinder und Jugendliche getestet wurden. Der Deutsche Motorik-Test stellt in zweifacher Hinsicht eine Erweiterung und Ergänzung von MoMo dar. Erstens basiert die hier vorgelegte Testbatterie auf einem breiten Expertenkonsens und zweitens wurden die Momo-Tests, die aus der Perspektive 'Fitnesstestung im Rahmen eines Gesundheitssurveys' entwickelt wurden, um sportnahe Tests für die Settings Schule und Verein ergänzt.

Der DMT ist für den Einsatz durch Sportlehrer und Übungsleiter geeignet, die erforderlichen Geräte können einfach beschafft oder gebaut werden.

Der DMT hat sich in Pilotstudien in Nordrhein-Westfalen und im Saarland bewährt. Inzwischen ist der DMT im Land Nordrhein-Westfalen flächendeckend übernommen. Sportlehrer attestieren dem DMT in Testleiterschulungen eine hohe Aussagekraft und eine hohe Praktikabilität.

Im vorliegenden Testmanual werden die Schritte und Grundlagen dargestellt, die zum DMT geführt haben. Die Testaufgaben werden beschrieben, die Testgütekriterien erläutert und die Auswertungsvorschläge auf der Basis von Normentabellen publiziert. Ergänzend zu diesem Testmanual gibt es eine Homepage (www.deutscher-motorik-test.de) mit praxisnahen Durchführungsanleitungen zum DMT. Eine Software zur automatisierten Testauswertung befindet sich in der Entwicklung.

Ziel ist es darüberhinaus den Test deutschlandweit bekannt zu machen und damit auch seinen flächendeckenden Einsatz zu ermöglichen.

Testen beseitigt weder den Bewegungsmangel noch verbessert er die Schulsportrealität und den Vereinssport. Der DMT bietet aber eine Möglichkeit zur Rückmeldung über die aktuelle Leistungsfähigkeit von Kindern und Jugendlichen und ermöglicht die Beurteilung von Leistungsveränderungen, die durch Entwicklungsprozesse oder Interventionsmaßnahmen verursacht werden.

Prof. Dr. Klaus Bös
Sprecher des ad-hoc-Ausschusses »Motorische Tests für Kinder und Jugendliche« der dvs

Kurzfassung des Deutschen Motorik-Tests

Ausgangssituation

Die motorische Leistungsfähigkeit steht in enger Beziehung zur Gesundheit. Diese Beziehung verfestigt sich mit zunehmendem Lebensalter. Motorische Leistungsfähigkeit setzt aber die Setzung angemessener Reize für das motorische System voraus. Dieser Reizsetzung kommt im Kindes- und Jugendalter damit eine herausragende Bedeutung zu. Die aktuelle Diskussion in Wissenschaft, Medien und Öffentlichkeit zeigt, dass die Leistungsfähigkeit heutiger Kinder und Jugendlichen gegenüber früheren Generationen zurückgegangen ist. Diese Erkenntnis passt zu der bildungspolitischen Diskussion um Standards in den unterschiedlichen Schulfächern, die durch die Ergebnisse der PISA-Studie ausgelöst wurde.

Auftrag der SMK an die dvs

Am 23. Oktober 2006 hat die Sportministerkonferenz (SMK) die dvs angefragt, die SMK bei der Entwicklung eines Testverfahrens zu beraten und zu unterstützen, das es gestattet, bundesweit das Niveau motorischer Fertigkeiten und Fähigkeiten von Kindern und Jugendlichen kontinuierlich zu erheben, um zukünftige politische Entscheidungen auf der Grundlage verlässlicher Daten treffen zu können.

Grundlage für die Arbeit des daraufhin von der dvs eingesetzten ad-hoc-Ausschusses »Motorische Tests für Kinder und Jugendliche« waren acht publizierte Testverfahren mit einem großen Bekanntheits- und Verbreitungsgrad, zu denen auch das nationale Motorik-Modul (MoMo) gehört, das erstmals für die Bundesrepublik Deutschland repräsentative Daten zur motorischen Leistungsfähigkeit von Kindern und Jugendlichen liefert.

Testaufbau und Testinhalte

Basierend auf publizierten Testverfahren unter Berücksichtigung der Vorarbeit von MoMo wird für die SMK eine Testbatterie mit acht Testaufgaben vorgeschlagen:

Aufgabenstruktur		**Motorische Fähigkeiten**						**Passive Systeme der Energieübertragung**
		Ausdauer	Kraft		Schnelligkeit	Koordination		Beweglichkeit
		AA	KA	SK	AS	KZ	KP	B
Lokomotionsbewegungen	gehen, laufen	6-Min			20m		Bal rw	
	Sprünge			SW		SHH		
Teilkörperbewegungen	Obere Extremitäten		LS					
	Rumpf		SU					RB

Kürzel der Testitems

6-Min	6-Minuten Ausdauerlauf	20m	20 Meter Sprint
SW	Standweitsprung	Bal rw	Balancieren rückwärts
LS	Liegestütz in 40 sec	SHH	Seitliches Hin- und Herspringen
SU	Sit-ups in 40 sec	RB	Rumpfbeugen

Ergänzend werden Größe und Gewicht sowie der BMI erfasst.

Gültigkeitsbereich des Tests

Der Test misst die motorischen Fähigkeiten Ausdauer, Kraft, Schnelligkeit, Koordination und Beweglichkeit, die zusammenfassend als körperliche Leistungsfähigkeit bezeichnet werden. Die Realisierung dieser Fähigkeiten erfolgt mittels einfachstrukturierter motorischer Fertigkeiten wie z.B. Laufen, Springen und Balancieren. Sportartspezifische Fertigkeiten (z.B. Ball spielen, Schwimmen, Turnen) werden in dieser Testbatterie ausgeklammert.

Der Test eignet sich für den Einsatz in Schule und Verein. Getestet werden können Kinder und Jugendliche im Alter von 6 bis 18 Jahren.

Ziele des Tests

Der Test eignet sich zur Messung des aktuellen Leistungsstandes sowie zur Beschreibung von Leistungsveränderungen. Es können nachstehende Fragen beantwortet werden:

Messen des aktuellen Leistungsstands:
- *Screening:* Wie ist der aktuelle motorische Leistungsstand?
- *Eingangsdiagnose:* Ist der aktuelle motorische Leistungsstand ausreichend für die Aufnahme eines bestimmten Trainings?
- *Leistungsprofil:* Welche motorischen Stärken und Schwächen lassen sich erkennen?
- *Defizitanalyse:* Welche motorischen Fähigkeiten sollten bei Schwächen gezielt gefördert werden?
- *Charakterisierung von Subpopulationen:* Welche Unterschiede bestehen bezüglich der motorischen Fähigkeiten zwischen Mädchen und Jungen sowie zwischen den Altersgruppen?

Messung von Leistungsveränderungen:
- *Beschreibung der Entwicklungsverläufe:* Wie verändern sich motorische Fähigkeiten in der Entwicklung von Kindern und Jugendlichen?
- *Evaluation von Interventionen:* Sind motorische Leistungsveränderungen nach einer gezielten Förderung bei der gesamten Gruppe oder beim Einzelnen erkennbar?

Testdurchführung

Der Test ist einfach und ökonomisch durchführbar. Im Routinebetrieb können vom Testpersonal, das aus einer geschulten Person und fünf angeleiteten Testhelfern/innen besteht (dies können auch instruierte Schüler/innen sein) bis zu 28 Probanden in 90 Minuten getestet werden. Bei der wissenschaftlichen Testung kommt nur Fachpersonal zum Einsatz.

Testgütekriterien

Die Testaufgaben sind hinsichtlich der teststatistischen Gütekriterien Objektivität, Reliabilität und Validität überprüft. Es liegen Normwerte für Jungen und Mädchen der Altersgruppen 6 bis 17 Jahre vor.

Testauswertung und Testinterpretation

Für die sachgerechte Durchführung des Tests sowie für die Auswertung und Interpretation der Testergebnisse werden Handreichungen für Lehrer/innen und Übungsleiter/innen erstellt.

Expertise

Die Testbatterie ist das Ergebnis einer Arbeitsgruppe, in der sieben Experten einschlägiger Sektionen und Kommissionen der dvs sowie SMK- und KMK-Mitglieder eingebunden waren. Zusätzlich erfolgte eine Anhörung von Testexperten.

1 Einleitung

Am 23. Oktober 2006 hat die SMK an die dvs einen Auftrag formuliert, eine Testbatterie zu entwickeln, die es gestattet, bundesweit das Niveau motorischer Fertigkeiten und Fähigkeiten von Kindern und Jugendlichen kontinuierlich zu erheben, um zukünftige politische Entscheidungen auf der Grundlage verlässlicher Daten treffen zu können.

Dieser Auftrag entstand vor dem Hintergrund der aktuellen Diskussion in Wissenschaft, Medien und Öffentlichkeit, dass die Leistungsfähigkeit heutiger Kinder und Jugendlichen gegenüber früheren Generationen zurückgegangen ist (vgl. zusammenfassend Bös, 2003).

Diese Erkenntnis passt zu der bildungspolitischen Diskussion um Standards in den unterschiedlichen Schulfächern, die durch die Ergebnisse der PISA-Studie ausgelöst wurde.

Für den Schulsport und die Erfassung der motorischen Leistungsfähigkeit von Kindern und Jugendlichen ergeben sich folgende Besonderheiten:

1. Die motorische Leistungsfähigkeit steht in Beziehung zu Gesundheit. Diese Beziehung verfestigt sich mit zunehmendem Lebensalter. Motorische Leistungsfähigkeit setzt aber die Setzung angemessener Reize für das motorische System voraus. Dieser Reizsetzung kommt im Kindes- und Jugendalter damit eine herausragende Bedeutung zu.
2. Das nationale Motorik-Modul (MoMo) liefert erstmals für die Bundesrepublik Deutschland repräsentative Daten zur motorischen Leistungsfähigkeit von Kindern und Jugendlichen.

Die Betonung von Motorik und körperlicher Leistungsfähigkeit stellt andere Sinnperspektiven im Sport von Kindern und Jugendlichen nicht in Frage.

Die hier vorgeschlagene Testbatterie besteht aus acht Testaufgaben. Diese Aufgaben basieren auf den Vorarbeiten publizierter Testverfahren. Eine besondere Berücksichtigung fand dabei das nationale Motorik-Modul (MoMo), das in den Jahren 2003-2006 deutschlandweit an einer repräsentativen Stichprobe von 4.529 Kindern und Jugendlichen im Alter von 4 bis 17 Jahren durchgeführt wurde. Die Tests sind einfach durchführbar und gestatten eine Diagnose und Beurteilung des allgemeinen motorischen Fähigkeitsniveaus mit den Dimensionen Ausdauer, Kraft, Koordination und Beweglichkeit, die zusammenfassend als körperliche Leistungsfähigkeit bezeichnet werden.

Die Realisierung dieser Fähigkeiten erfolgt mittels einfachstrukturierter motorischer Fertigkeiten wie z.B. Laufen, Springen und Balancieren. Sportartspezifische Fertigkeiten (z.B. Ball spielen, Schwimmen, Turnen) werden in dieser Testbatterie ausgeklammert. Die Testbatterie hat nicht den Anspruch, motorische Fertigkeiten oder darüber hinaus andere Sinnperspektiven und Lernziele des Sportunterrichts abzudecken. Insbesondere ist der motorische Test kein vollständiger Lösungsvorschlag für die komplexe Diskussion um Bildungsstandards im Fach Sport, die zur Zeit in der Sportpädagogik virulent geführt wird.

Die Testbatterie ist das Ergebnis einer ad-hoc-Arbeitsgruppe, in der sieben Experten einschlägiger Sektionen und Kommissionen der dvs eingebunden waren. Die Ergebnisse der Wissenschaftler wurden von Anfang an mit ständigen Gästen aus der SMK und der KMK diskutiert und im Hinblick auf Ihre Relevanz und Umsetzbarkeit überprüft. Zusätzlich fand eine Anhörung der Testexperten Dr. Jochen Beck (FH Gelsenkirchen), Dr. Lothar Klaes (WIAD Bonn) und PD Dr. Theodor Stemper (Universität Wuppertal) statt.

2 Grundlagen motorischer Tests

2.1 Zielstellungen und Anwendung von Sportmotorischen Tests

Um den Leistungszustand von Kindern und Jugendlichen beschreiben und verfolgen sowie ggf. sachgerecht intervenieren zu können, ist die Diagnose eine unverzichtbare Voraussetzung. »Ohne Diagnose intervenieren wir blind« lautete entsprechend auch das Motto der Jahrestagung der Arbeitsgemeinschaft für Sportpsychologie (asp) 2007. Das unterrichtliche und trainingsmethodische Handeln von Lehrerinnen und Lehrern sowie Trainerinnen und Trainern setzt diagnostische Informationen voraus, um daraus gezielte Bewegungsübungen für den Sportunterricht bzw. den Vereinssport ableiten zu können.

Mit motorischen Tests ist eine Momentaufnahme der motorischen Leistungsfähigkeit des einzelnen Kindes oder einer ganzen Gruppe möglich. Sie können außerdem auch Informationen zur Entwicklung der motorischen Leistungsfähigkeit aufzeigen.

Sportlehrerinnen und Sportlehrer bzw. Übungsleiterinnen und Übungsleiter haben damit ein Instrument an der Hand, mit dessen Hilfe man positive wie negative Veränderungen der Kinder und Jugendlichen objektiv beurteilen kann. Das diagnostische Urteil von Lehrerinnen und Lehrern sowie Trainerinnen und Trainern kann dadurch sinnvoll ergänzt werden. Mit Hilfe von motorischen Tests kann man gezielt motorische Stärken und Schwächen erkennen und den Kindern frühzeitig individuell passende Fördermöglichkeiten anbieten.

Im Einzelnen lassen sich folgende Einsatzmöglichkeiten von motorischen Tests unterscheiden:

Messen des aktuellen Leistungsstands:
- *Screening:* Wie ist der aktuelle motorische Leistungsstand?
- *Eingangsdiagnose:* Ist der aktuelle motorische Leistungsstand ausreichend für die Aufnahme eines bestimmten Trainings?
- *Leistungsprofil:* Welche motorischen Stärken und Schwächen lassen sich erkennen?
- *Defizitanalyse:* Welche motorischen Fähigkeiten sollten bei Schwächen gezielt gefördert werden?
- *Charakterisierung von Subpopulationen:* Welche Unterschiede bestehen bezüglich der motorischen Fähigkeiten zwischen Mädchen und Jungen sowie zwischen den Altersgruppen?

Messung von Leistungsveränderungen:
- *Beschreibung der Entwicklungsverläufe:* Wie verändern sich motorische Fähigkeiten in der Entwicklung von Kindern und Jugendlichen?
- *Evaluation von Interventionen:* Sind motorische Leistungsveränderungen nach einer gezielten Förderung bei der gesamten Gruppe oder beim Einzelnen erkennbar?
- *Kohorteneffekte:* Hat sich die motorische Leistungsfähigkeit im Generationen vergleich verändert?

Abb. 2.1. Fragestellungen zum Einsatz motorischer Tests.

2.2 Der fähigkeitsorientierte Ansatz als Grundlage von Tests

Die Testdiagnostik in der Sportwissenschaft hat die gleichen Wurzeln wie die Diagnostik in Psychologie und Pädagogik (vgl. Bös, 1987, 2001).

Sie basiert auf dem fähigkeitsorientierten Ansatz, wie er für die Sportwissenschaft von Gundlach (1968), Roth (1982), Bös und Mechling (1983) und anderen in der Tradition der Arbeiten in der Psychologie von Fleishman (1954) und Guilford (1957) begründet wurde.

Fähigkeiten sind latente Konstrukte, die nicht direkt der Beobachtung zugänglich sind, sondern aus beobachtbaren Indikatoren erschlossen werden.

So ist z.B. die Muskelkraft als motorische Fähigkeit nicht direkt beobachtbar. Aus der Tatsache, dass sich Personen bei der Anzahl der absolvierten Klimmzüge, Liegestützen, Sit-ups oder Hocksprünge unterscheiden, wird auf das unterschiedliche Niveau der Kraftfähigkeit der Probanden geschlossen. Die gemessenen Testleistungen sind somit Indikatoren für die latente Fähigkeit 'Muskelkraft'.

Im gewählten fähigkeitsorientierten Ansatz geht man davon aus, dass die beobachtbaren Zusammenhänge auf der Leistungsresultatsebene auf gemeinsame latente Dimensionen (Fähigkeiten) zurückgeführt und mit Hilfe von Tests angemessen diagnostiziert werden können.

Fähigkeiten sind damit leistungsbestimmend für ganze Klassen von Bewegungstätigkeiten (Fertigkeiten). Ihnen wird damit ein allgemeiner (aufgaben- und situationsübergreifender) Charakter zugeschrieben, während *Fertigkeiten aufgabenzentriert sind.*

Die energetischen und informationsorientierten Dispositionen (Voraussetzungen), die eine erfolgreiche Ausführung einer bestimmten Bewegungshandlung ermöglichen, werden zusammenfassend als motorische *Fähigkeiten* bezeichnet. Diese bilden in wechselseitigem Zusammenspiel die Grundlage für die Herausbildung von Handlungselementen – eben Fertigkeiten – zur Bewältigung von Bewegungsaufgaben.

Fertigkeiten sind damit Bestandteile der manifesten (Verhaltens)ebene. Konsequenterweise sollten Fähigkeiten immer der *Prozessebene* (»Innenaspekt«) zugerechnet werden, Fertigkeiten als sichtbarer Außenaspekt von Fähigkeiten dagegen der manifesten *Verhaltensebene* (»Außenaspekt«).

Bezogen auf motorische Tests folgt daraus, dass die Messung zwar immer auf der Verhaltensebene (Produktebene, Fertigkeitsebene) erfolgt, die eigentlich interessanten Größen aber die dahinter stehenden latenten Fähigkeiten (Prozessebene) sind.

Würde man Fertigkeiten mit speziellen Fähigkeiten gleichsetzen (vgl. Roth, 1982), so unterscheiden sich beide Begriffe nur hinsichtlich ihres Spezifikationsgrades. Fertigkeiten lägen dann nicht auf der Realisierungsebene einer Bewegungshandlung, sondern wären eher als Teilelemente von Fähigkeiten auf der Ebene latenter motorischer Konstrukte aufzufassen. Um Missverständnisse zu vermeiden, plädieren wir deshalb auf der Beobachtungsebene (Realisierungsebene) für den Terminus *'Fertigkeiten'*. Diese sollen auf der Konstruktebene Entsprechungen in *'Fähigkeiten'* haben.

Differenzierung motorischer Fähigkeiten

Es gibt eine Vielzahl von historischen Arbeiten zur Differenzierung motorischer Fähigkeiten (vgl. Cratty, 1979; Fetz, 1965; Fleishman, 1954; Frey, 1977; Guilford, 1957; Gundlach, 1968; Powell, Katzko & Royce, 1978; Roth, 1982; Bös & Mechling, 1983). Diese sind teils phänomenologisch, teils empirisch und teils theoretisch begründet. Alle Ansätze gehen dabei von der Vorstellung aus, dass die Motorik ein komplexes, mehrdimensionales Konstrukt ist, das nicht mit einer Kenngröße ausreichend beschrieben werden kann.

Differenzierungen von motorischen Fähigkeiten basieren zumeist auf der Annahme von so genannten Grundeigenschaften (Fetz, 1965) oder Hauptbeanspruchungsformen (Hollmann & Hettinger, 1980) und ermöglichen im *Sportunterricht*, im *Grundlagentraining des Leistungssports* aber auch *im Gesundheitssport* und *Rehabilitationssport* eine hinreichend genaue Diagnose und Steuerung der Belastungsgestaltung.

Differenzierungen nach Fähigkeitskategorien sind jedoch nicht hinreichend präzise für Leistungserklärungen und -prognosen, zur Trainingssteuerung auf hohem Leistungsniveau, für sportartspezifische Beschreibungsmodelle oder für krankheitsspezifische Fragestellungen in der Rehabilitation. Hier erfordern Diagnosen einen stärker prozess- und funktionsorientierten Zugang mit Hilfe sportmedizinischer oder biomechanischer Messverfahren.

Wir schließen uns bei der nachstehenden Differenzierung den historisch bedeutsamen Ansätzen von Gundlach (1968) und Pöhlmann (1977) an und unterscheiden auf einer *ersten Ebene* motorische Fähigkeiten nach den Polen *Energie* und *Information* in *konditionelle (energetische) und koordinative (informationsorientierte) Fähigkeiten*. Auf einer *zweiten Ebene wird* in die vielzitierten motorischen 'Grundeigenschaften' *Ausdauer, Kraft, Schnelligkeit, Koordination* und *Beweglichkeit* aufgefächert (vgl. Martin et al., 2001)

Die Zuweisung von *Ausdauer- und Kraftfähigkeiten* zu den energetisch determinierten Funktionspotenzen ergibt sich aus der Unterscheidungsmöglichkeit von Herz-Kreislauf-System und Skelettmuskulatur als zentrale Systeme der Energiegewinnung und des Energietransportes im menschlichen Organismus. Umfang und Struktur der Skelettmuskulatur werden als Voraussetzung für die motorische Kraftfähigkeit angesehen. Die Leistungsfähigkeit des Herz-Kreislauf-Systems stellt die bestimmende und limitierende Größe für Ausdauerleistungen dar.

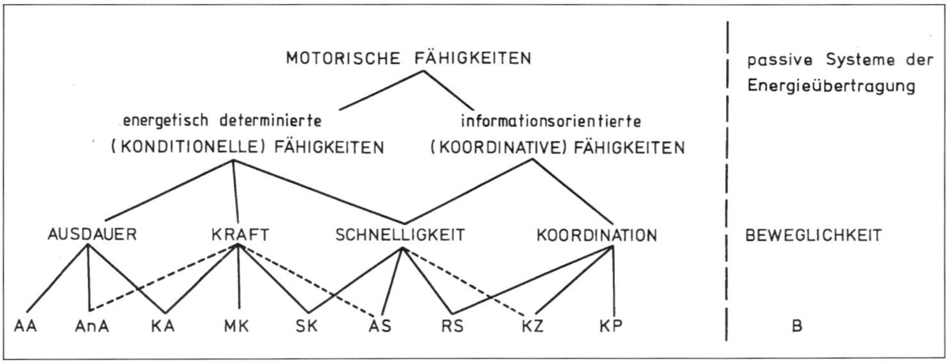

Abb. 2.2. Differenzierung motorischer Fähigkeiten.

Die konditionellen Kraft- und Ausdauerfähigkeiten lassen sich auf der Basis von Dauer und Intensität der Belastung weiter differenzieren (Ebene 3). Eine Unterscheidung von *aerober (AA)* und *anaerober (AnA)* sowie von *Maximalkraft (MK)*, *Schnellkraft (SK)* und *Kraftausdauer (KA)* erscheint dabei notwendig und ausreichend.

Die Einteilung in *aerobe (AA)* und *anaerobe Ausdauer (AnA)* korrespondiert mit der Differenzierung nach den unterschiedlichen Formen der Energiegewinnung.

Die Benennung von *Maximalkraft (MK), Schnellkraft (SK)* und *Kraftausdauer (KA)* orientiert sich an den beobachtbaren Hauptunterscheidungsformen der Muskelkraft und ist physiologisch und experimentell abgesichert. Maximal- und Schnellkraft sind primär durch die muskulären (Faseranzahl, Faserquerschnitt, Faserstruktur) und neurophysiologischen Bedingungen (Rekrutierung und Frequentierung motorischer Einheiten, intermuskuläre Koordination, Muskelfaserzusammensetzung) festgelegt, während die Kraftausdauer in stärkerem Maße auch vom Energiestoffwechsel abhängig ist und damit die letztgenannte Fähigkeit in den Schnittpunkt von Kraft und Ausdauer rückt.

Die *Schnelligkeit* in ihrer sportspezifischen Ausprägung als *Aktionsschnelligkeit (AS)* lässt sich nicht eindeutig dem konditionellen oder koordinativen Fähigkeitsbereich zuordnen. Schnelle Bewegungen zeichnen sich gerade dadurch aus, dass bei ihnen eine optimale Verknüpfung des energetischen Potentials mit der Qualität sensorischer Regulationsprozesse besteht.

Die *Aktionsschnelligkeit* stellt damit keine isolierte motorische Basisdimension, sondern eine konditionell und koordinativ determinierte Komplexfähigkeit dar.

Das Niveau der Aktionsschnelligkeit lässt sich bei unselegierten Stichproben durch die Ausprägung von einfacher strukturierten Kraft-, Ausdauer- und Koordinationsfähigkeiten gut prognostizieren. So konnten wir bei 10-jährigen Schülern die Sprintleistung im 50m-Lauf durch die Basisdimensionen Maximalkraft, allgemeine aerobe Ausdauer und Koordination bei Präzisionsaufgaben mit einer Güte von 55 % aufgeklärter Varianz vorhersagen (Bös & Mechling, 1983). Am Beispiel der Aktionsschnelligkeit lässt sich sehr anschaulich die enge Verbindung von energetischen und informationsorientierten Fähigkeiten bei der Realisierung komplexer sportbezogener Bewegungshandlungen aufzeigen.

Die *Reaktionsschnelligkeit (RS)* beinhaltet die Vorbereitungsphase, die Phase des Reizangebots und der Reizwahrnehmung, die Phase der Latenz sowie die Phase der effektiven Handlung.

Wenn es sich um isolierte Reaktionszeitmessungen handelt, sind in erster Linie physiologische Faktoren für schnelle Reaktion verantwortlich. In komplexen Situationen, z.B. in den Sportspielen, rückt die Reaktionsschnelligkeit in die Nähe der koordinativ determinierten Antizipationsfähigkeit. Zahlreiche empirische Untersuchungen belegen, dass zwischen der Reaktionszeit und der Bewegungszeit keine korrelativen Zusammenhänge bestehen. Die Fähigkeit zur schnellen Reaktion scheint damit eine relativ eigenständige Komponente darzustellen, die mit zunehmender Komplexität der geforderten Reaktionsaufgabe von Antizipationsprozessen abhängt.

Die koordinativen Fähigkeiten als informationsorientierte Funktionspotenzen lassen sich nach der Art der sensorischen Regulation sowie in Abhängigkeit vom Anforderungsprofil der Bewegungshandlungen unterscheiden. Roth (1982, S. 53) kommt durch die Verbindung von deduktiv abgeleiteten (neuro)physiologischen Erkenntnissen mit induktiven sportwissenschaftlichen Ansätzen zu einer Gesamtstruktur des koordinativen Merkmalskomplexes, wobei er in *'koordinative Fähigkeiten zur genauen Kontrolle von Bewegungen (KP)' und 'koordinative Fähigkeiten unter Zeitdruck (KZ)'* differenziert.

Auf der Basis empirischer Untersuchungen kann Roth die vorgelegte Strukturanalyse koordinativer Fähigkeiten erhärten.

Bös und Mechling (1983) weisen in ihrem Ansatz zu »Dimensionen der Motorik« die ‚Koordination zur genauen Kontrolle von Bewegungen' (Koordination bei Präzisionsaufgaben) als isolierte motorische Basisdimension des informationsorientierten Fähigkeitsbereiches aus, und bezeichnen die 'Fähigkeit zur Koordination unter Zeitdruck' als komplexe motorische Fähigkeit im Schnittpunkt von energetischen und informationsorientierten Prozessen.

Ähnliche komplexe koordinative Konstrukte sind die Gewandheit (Hirtz, 1964) oder die Geschicklichkeit (Rieder, 1976).

Die beiden Bereiche *'Koordination unter Zeitdruck'* und *'Koordination bei Präzisionsaufgaben'* lassen sich dimensionsanalytisch gegeneinander abgrenzen (Roth, 1982, S. 192), sind aber statistisch nicht voneinander unabhängig. Tests zur Messung der Koordination unter Zeitdruck (Geschicklichkeitstests, Gewandtheitstests) korrelieren mit Präzisionsaufgaben in mittlerer Höhe (vgl. Bös & Mechling, 1983).

Bei der *Beweglichkeit (B)* besteht ebenfalls keine präzise Zuordnungsmöglichkeit zum konditionellen oder koordinativen Merkmalsbereich. Probleme resultieren vor allem aus der unterschiedlichen Umfangsbestimmung.

Wir plädieren hier für eine enge Fassung des Begriffes »Beweglichkeit« als »Schwingungsweite der Gelenke« im Unterschied zu einem weiten »sportnahen« Begriffsverständnis, das Beweglichkeit zu einer komplexen Fähigkeit macht. Optimale Bewegungsamplituden bei sportbezogenen Leistungsvoraussetzungen, hängen zum einen von der Qualität der »passiven Systeme der Energieübertragung«, zum anderen aber vom energetischen Potenzial und vom Niveau der sensorischen Regulation bei der Bewegungsausführung ab (vgl. Klee & Wiemann, 2005).

Bei einem engen definitorischen Verständnis erscheint es uns angebracht, Beweglichkeit nicht als Fähigkeit, sondern als eine weitgehend anatomisch determinierte personale Leistungsvoraussetzung der passiven Systeme der Energieübertragung anzusehen (vgl. Bös & Mechling, 1983).

Insgesamt wurden damit auf der dritten Einteilungsebene zehn motorische Beschreibungskategorien ausgewiesen.

Auf der Messebene werden diese zehn Beschreibungskategorien noch um die Konstitution ergänzt. Bös und Mechling (1983) rechnen die konstitutionellen Merkmale (Größe, Gewicht, Body Composition) ebenfalls den passiven Systemen der Energieübertragung zu.

2.3 Testkonstruktion

Exkurs: Einzeltest oder Testbatterie

Die Beantwortung diagnostischer Fragen kann unterschiedlich komplex angegangen werden.

Die einfachste Form der Testung ist der Einsatz einzelner Testaufgaben. Diese decken jedoch immer nur einen ganz spezifischen Aspekt der motorischen Leistungsfähigkeit ab. So kann beispielsweise die *Koordination bei Präzisions-aufgaben* mit der Aufgabe *»Balancieren rückwärts«* oder die *Kraftausdauer* mit *»Liegestütz«* oder *»Sit-ups«* überprüft werden.

Die komplexere Form der Testung ist die Anwendung von Testbatterien. Hier werden mehrere Testaufgaben zum Messen verschiedener Teilbereiche der motorischen Leistungsfähigkeit durchgeführt.

Testbatterien werden unterschieden in homogene (eindimensionale) Testbatterien und heterogene (mehrdimensionale) Testbatterien, die man auch als Testprofile bezeichnen kann.

2.3.1 Konstruktionsprinzipien für Testaufgaben in motorischen Tests

Testaufgaben sollten drei Konstruktionsprinzipien aufweisen:

1. Testaufgaben sollten nur das zu diagnostizierende Merkmal erfassen. Alle weiteren interindividuell differenzierenden Merkmale der Testleistung sollten durch die Art der Aufgabenstellung möglichst eliminiert werden
2. Testaufgaben sollten möglichst wenig Übungseffekte aufweisen
3. Testaufgaben sollten von koordinativen Vorerfahrungen weitgehend unabhängig sein

Diese Forderungen lassen sich nur bei der Verwendung von *einfachstrukturierten Aufgaben* zur Messung von relativ *isolierten Fähigkeitsbereichen* realisieren.

Die Messung der Maximalkraft bei statischen dynamometrischen Messungen in einem Kraftmessstuhl oder die Messung der aeroben Ausdauer mittels Fahrradergometrie sind solche Beispiele für homogene Tests, die isolierte motorische Fähigkeiten messen.

»Sportnahe« Testaufgaben wie Hindernisläufe, Sprünge und Würfe sind dagegen komplex-strukturiert. Dies zeigt sich bei Faktorenanalysen in denen solche Testaufgaben in der Regel Ladungen auf mehreren Faktoren aufweisen.

Mit zunehmender Merkmalskomplexität kommt der Aussage von Schnabel (1963, S. 1071), dass es strenggenommen keinen motorischen Test geben wird, der alleiniger Ausdruck nur eines Merkmals, einer Eigenschaft oder Fähigkeit ist, eine immer stärkere Bedeutung zu.

Die Konstruktionsprinzipien für motorische Testaufgaben *'Isolierung von Merkmalsbereichen'*, *'Unabhängigkeit von* koordinativen *Vorerfahrungen'* und *'geringe Übungsabhängigkeit'* scheinen daher allenfalls für die Quantifizierung von *allgemeinen konditionellen Fähigkeiten* möglich.

Für die Erfassung der *allgemeinen koordinativen Fähigkeiten* und die Diagnose von *speziellen (sportartspezifischen) Merkmalsbereichen* lassen sich die oben genannten Konstruktionsprinzipien kaum verwirklichen.

Dementsprechend treten bei Koordinationstests und/oder sportartspezifischen Tests mehr Validitätsprobleme auf. Die Testaufgaben sind oft von spezifischen Vorerfahrungen abhängig und unterliegen in hohem Maße Messwertfluktuationen durch Situationsfaktoren und Übungseinflüsse.

Um auf der Grundlage von sportmotorischen Testresultaten zu diagnostisch verwertbaren Resultaten zu kommen, gilt es, diese Besonderheiten bei der Testkonstruktion zu berücksichtigen. Dies ist auch Gegenstand bei der Testvalidierung mittels Multitrait-Multimethod-Analyse. Dabei sollten heteromethod-monotrait-Korrelationskoeffizienten (Validitätskoeffizienten) größer sein als monomethod-heterotrait-Korrelationen.

Bei der Korrelation von Testaufgaben zeigt sich jedoch, dass es häufig so etwas wie »Ballfaktoren« oder »Lauffaktoren« gibt, die man auch als Methodenfaktoren bezeichnen könnte. Noch gravierender ist die Tatsache, dass bestimmte Aufgabentypen für bestimmte Personentypen »leichter« sind. So sind typischerweise Übungen mit Bällen für Jungen oft »leichter« als für Mädchen, die ihrerseits bei Rhythmusaufgaben Vorteile haben. Dies verletzt das Kriterium der spezifischen Objektivität, die in der von Rasch (1960) begründeten probabilistischen Testtheorie als ein zentrales Gütemerkmal angesehen wird.

Exkurs zur Komplexität und Generalität von Testaufgaben

Unter Komplexität oder umgekehrt Einfachheit einer Testaufgabe wird hier verstanden, ob sich die Lösung einer Testaufgabe auf klar definierbare und abgrenzbare Leistungsfaktoren zurückführen lässt.

So ist beispielsweise die Bewältigung der Testaufgabe »Cooper-Test« (12-Minuten-Dauerlauf) einfachstrukturiert (Laufen ist eine Grundfertigkeit) und die Qualität der Aufgabenbewältigung ist primär von der Ausprägung der aeroben Ausdauer abhängig.

Hindernisläufe dagegen sind komplexe Anforderungen auf der Realisierungsebene von Fertigkeiten (z.B. Kombinationen von Laufen, Springen, Dribbeln, Kriechen). Die Testaufgabe Hindernislauf lässt sich damit auch nicht einem einzelnen isolierbaren Leistungsfaktor (einer Fähigkeit) zuordnen. Wir sprechen in diesem Fall von einer Testaufgabe hoher Komplexität, die auch mit vielen anderen Testaufgaben korreliert.

Generalisierbarkeit bedeutet, ob zu erwarten ist, dass die gemessene Fähigkeit einen bedeutsamen Erklärungswert für eine große Klasse von Bewegungshandlungen hat. So sind etwa die 'Maximalkraft' und mehr noch die 'aerobe Ausdauer' stark generalisierbare Fähigkeiten, d.h. ihnen wird – neben einer hohen Situationskonstanz und zeitlichen Stabilität – unterstellt, dass sie für ganze Klassen von Fertigkeiten leistungsrelevant sind. Eine Person mit guter Maximalkraft wird eine Kugel weiter stoßen können, aber auch mehr Klimmzüge oder Liegestützen absolvieren können. Bei der Beurteilung der Generalisierbarkeit eines Tests spielt allerdings neben der gemessenen Fähigkeit auch immer die Aufgabenstruktur eine Rolle. So besitzen isolierte Teilkörperbewegungen (z.B. Messung der Handkraft) eine geringere Generalisierbarkeit als Tests, die große Muskelgruppen erfassen (z.B. Läufe, Sprünge).

2.3.2 Taxonomie von Testaufgaben

Bei der Konstruktion von Testbatterien gilt es auf der Aufgabenebene, neben einer Strukturierung der Merkmalsbereiche (Fähigkeitsbereiche) auch situations- und aufgabenspezifische Besonderheiten zu berücksichtigen. Ziel der Testkonstruktion sollte es sein, den angestrebten Messinhalt möglichst vollständig zu erfassen. Aus ökonomischen Gründen sollte gleichwohl die Anzahl der Testaufgaben möglichst gering sein. Dieses Ökonomieprinzip ist typisch für sportmotorische Tests, da eine Testung auch immer anstrengend ist und Zeit beansprucht. Bei Fragebogentests (z.B. Intelligenztests) verwendet man für den gleichen Testinhalt zumeist mehrere Testaufgaben, um die Reliabilität der Testung zu verbessern.

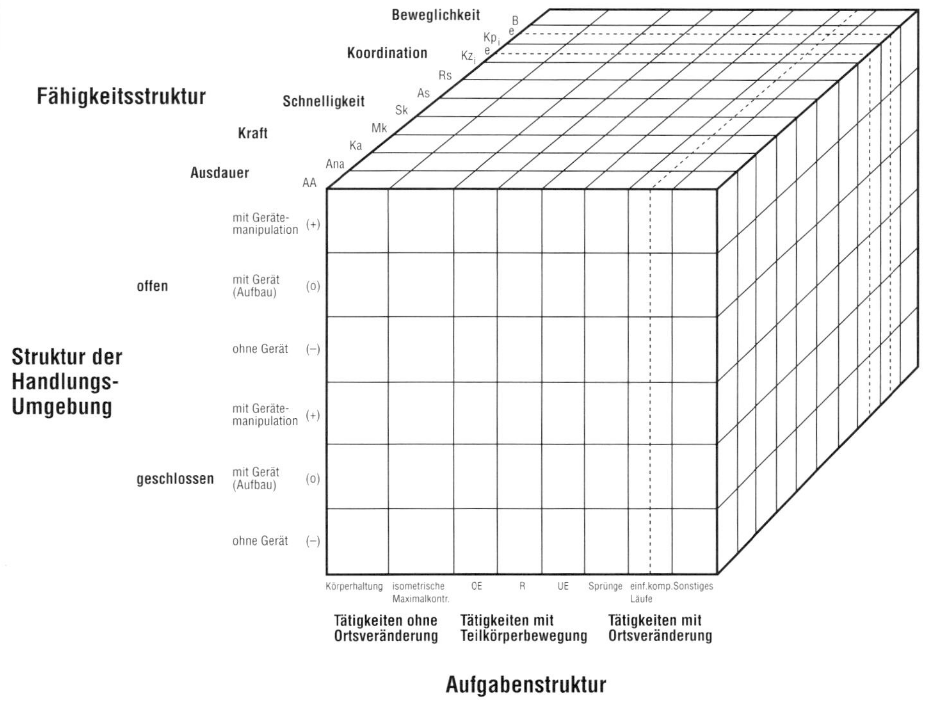

Abb. 2.3. Taxonomie sportmotorischer Testaufgaben (Bös, 1987, S. 103).

In seiner Taxonomie von Testaufgaben unterscheidet Bös (1987, S. 103) die drei Einteilungsdimensionen Fähigkeitsstruktur, Struktur der Handlungsumgebung und Aufgabenstruktur. Für die Differenzierung der motorischen Fähigkeiten wird die im Abschnitt 2.2.1 vorgestellte Systematisierung in zehn motorische Fähigkeiten übernommen. Bei der Differenzierung der Aufgabenstruktur orientieren wir uns an den frühen Arbeiten von Gentile et al. (1975, 2000) und Higgings (1977) und unterscheiden zunächst Lokomotionsbewegungen (Sprünge, Läufe und Gehen), Teilkörperbewegungen mit Ortsveränderung (differenziert nach obere Extremitäten, Rumpf, untere Extremitäten) und Tätigkeiten ohne Ortsveränderung (Haltungen, isometrische Muskelkontraktion). Damit lassen sich neun Aufgabenkategorien unterscheiden.

Eine weitere Unterscheidungsmöglichkeit stellt die Struktur der Handlungsumgebung dar (vgl. Gentile, 1975, 2000; Göhner, 1979). Es lassen sich zunächst in Anlehnung an Poulton (1957) offene und geschlossene Situationen unterscheiden. Ebenfalls wichtig für die Beschreibung der Umgebungsbedingungen von Testaufgaben ist die *Bewegungsausführung mit und ohne*

Gerät, die in einer Reihe von Systematisierungen ebenfalls genannt wird (vgl. Donskoj, 1975; Meinel, 1971). Geräte können z.B. Bestandteile des Geräteaufbaues sein (z.B. Langbank beim Balancieren) oder aktiv manipuliert werden (z.B. Bälle beim Wurf oder Stoß). Die Kombination von offen/geschlossen mit der Unterteilung ohne Gerät/mit Gerät/mit Gerätemanipulation ergibt sechs Charakterisierungen für die Handlungsumgebung.

Auf dieser theoretischen Basis kommt man zu einer Aufgabendifferenzierung in 10 x 9 x 6 = 540 Aufgabentypen. Diese ist zum einen für praktische Zwecke untauglich und zum anderen entspricht sie nicht der empirischen Realität.

Im Handbuch sportmotorischer Tests findet Bös 700 verschiedene Testaufgaben (1987, S. 446). Die Zuordnung dieser Aufgaben zu der oben vorgestellten Taxonomie lässt in zwei Reduktionsschritten die Zusammenfassung zu 86 verschiedenen Aufgabentypen und schließ-lich zu folgenden 12 Grundtypen von Testaufgaben zu (S. 452): *Dauerläufe, Klimmzüge, Sit-ups, Liegestütz, Sprünge, Würfe/Stöße, Sprint, komplexe Läufe, Auge-Hand-Koordination, Balancieren rückwärts, Einbeinstand* und *Rumpfbeugen.*

Die bloße Benennung von Grundtypen schafft noch keine Klarheit für die Zusammenstellung einer Testbatterie, wie das nachfolgende Beispiel zu Sit-ups zeigt.

Allein zum Aufgabengrundtyp »Sit-ups« findet man in der Literatur 60 Ausführungsvarianten, die sich nach Zeitdauer (15 sec, 30 sec, 40 sec, 2 Minuten, maximal), Fixieren der Beine (ohne, Helfer oder Hilfsmittel), mit/ohne Erschwerung (z.B. Ball im Nacken), Armhaltungen (seitlich, vor dem Körper verschränkt) beschreiben lassen (vgl. Safrit, 1992).

Um eine möglichst aussagekräftige und gleichzeitig ökonomische Testbatterie zusammenzustellen, ist damit sowohl eine theoriegeleitete Klassifikation von Testaufgaben, wie auch eine präzise Beschreibung der Durchführungsbedingungen erforderlich. Hier wird deshalb eine zweidimensionale Klassifikation von Testaufgaben in Fähigkeitsstruktur und Aufgabenstruktur vorgeschlagen. Dabei werden bei der dreidimensionalen Taxonomie mit 540 Aufgabentypen folgende Einschränkungen vorgenommen:

Von den zehn *Fähigkeitskategorien* können drei unberücksichtigt bleiben:

- *anaerobe Ausdauer* (für Kinder und Jugendliche bis zum Ende der ersten puberalen Phase wegen fehlender Laktatbildung nicht relevant)
- *Reaktionsschnelligkeit* (nur apparativ objektiv und reliabel messbar und für die motorische Leistungsfähigkeit nur bedingt relevant)
- *(isometrische) Maximalkraft* (nur apparativ objektiv und reliabel messbar und deshalb für Untersuchungen in Schulen und Vereinen nicht praktikabel)

Von den neun *Aufgabenkategorien* können fünf unberücksichtigt bleiben:

- Tätigkeiten ohne Ortsveränderung (*Haltung* und *isometrische Kontraktion*) (wegen fehlender Praktikabilität bei der Testdurchführung)
- *komplexe Läufe* und *Sonstiges* (wegen komplexer Aufgabenstruktur und damit nicht eindeutiger Zuordnung zu einer Fähigkeit)
- *Teilkörper untere Extremitäten* (sind durch Läufe, Sprünge und Balancieren ausreichend berücksichtigt)

Die *Struktur der Handlungsumgebung* kann ganz entfallen. Damit verbleiben für die Aufgabenkonstruktion und Zusammenstellung einer Testbatterie sieben Fähigkeitskategorien und vier Aufgabenkategorien, die in der nachfolgenden Abbildung (Abb. 2.4) dargestellt sind.

Sowohl auf der inhaltlichen Ebene der Fähigkeiten als auch auf der messmethodischen Ebene der Tests werden sportartspezifische Aspekte innerhalb dieser Arbeit ausgeklammert.

Aufgabenstruktur		**Motorische Fähigkeiten**				**Passive Systeme der Energie-übertragung**
		Ausdauer AA	Kraft KA SK	Schnelligkeit AS[1]	Koordination KZ KP	Beweglichkeit B
Lokomotions-bewegungen	gehen, laufen Sprünge					
Teilkörper-bewegungen	Obere Extremitäten Rumpf					

Abb. 2.4. Taxonomie von Testaufgaben nach Fähigkeiten und Aufgabenstruktur.

2.4 Testtypen

Mehrere Testaufgaben lassen sich zu Testbatterien oder Testprofilen kombinieren. Bös (1987, S. 481) unterscheidet nach Testinhalt und Komplexität fünf Grundtypen sportmotorischer Tests. Dies sind zunächst eindimensionale Tests/Testbatterien zur Erfassung von motorischen Basisfähigkeiten. Als solche werden von Bös und Mechling (1983) die aerobe Ausdauer (AA), die Maximalkraft (MK) sowie Koordination bei Präzisionsaufgaben (KP) identifiziert. Zusätzlich gibt es noch zwei Arten von Komplextests (Testprofilen). Dies sind erstens Konditionsorientierte Fitnesstests (FT) und zweitens Tests zur Erfassung von Koordination unter Zeitdruck (KZ), die man oft auch vereinfacht als Geschicklichkeits- oder Gewandheitstests bezeichnet.

2.5 Testübersicht

In beiden Auflagen des Handbuches sportmotorische Tests (Bös, 1987; Bös et al., 2001) findet man eine Vielzahl von Testaufgaben sowie die Kombination dieser Aufgaben zu Testbatterien. Weitere Testsammlungen findet man für den deutschsprachigen Raum bei Haag und Dassel (1975), Fetz und Kornexl (1978), Rapp und Schoder (1977), Grosser und Starischka (1981) oder Neumaier (1983).

Die internationale Entwicklung findet man in der Übersicht bei Bös (1987) und später bei Telama et. al. (2002) sowie Bös (2003).

Beeinflussend für die deutschen Testentwicklungen waren die Arbeiten des CDDS (Committee for the Development of Sport, 1978), die ihren Niederschlag in den Eurofit-Tests gefunden haben, die es sowohl für Kinder (van Mechelen et al., 1991) als auch für Erwachsene (Oja & Tuxworth, 1995) gibt.

Die genaue Zahl publizierter Testbatterien im nationalen und internationalen Raum lässt sich nicht bestimmen. Alleine Bös et al. (2001) beschreiben mehr als 100 motorische Testbatterien.

1 Die Aktionsschnelligkeit ist in unserem Verständnis keine eigenständige motorische Fähigkeit, da sie weitestgehend aus Kraft und Koordination erklärbar ist. Da der Begriff jedoch in der Sportpraxis sehr gebräuchlich ist, wird er hier aufrechterhalten. Die gestrichelten Abgrenzungen zur Kraft auf der einen bzw. Koordination auf der anderen Seite soll die Überschneidung der Aktionsschnelligkeit mit den anderen Fähigkeiten verdeutlichen.

Eine qualitative Beurteilung von Tests ist mit Hilfe eines Kriterienkatalogs möglich, wie er auf der Grundlage der Arbeiten des Testkuratoriums Psychologie von Bös (1987) entwickelt und später publiziert wurde (Bös et al., 2001; dvs, 2007).

Der Kriterienkatalog findet sich im Anhang dieses Buches.

Aus heutiger Sicht können für die Zielgruppe der Kinder und Jugendliche acht Testbatterien mit einem großen Bekanntheits- und Verbreitungsgrad identifiziert werden:

- MRI-Projektevaluation (Bös et al., 2007)
- Düsseldorfer Test (www.check-duesseldorf.de)
- Eurofit (van Mechelen, 1991)
- KATS-K (Bös et al., 2001)
- Kinderturn-Test (Bös et al., 2006)
- MoMo (Bös et al., 2002)
- Sport Science Studies (Telama, Naul u.a., 2002)
- WIAD (Rusch & Irrgang, 1994)

Die vier in der Karlsruher Arbeitsgruppe entwickelten Tests (MoMo, KATS-K, Kinderturntest, MRI) sowie der Düsseldorfer Test (www.check-duesseldorf.de) wurden nach den oben vorgestellten Konstruktionsprinzipien entwickelt. Alle fünf Tests sind umfassend hinsichtlich der Gütekriterien überprüft. Der Hauptunterschied zwischen den Tests liegt in den unterschiedlichen Testzielen und Rahmenbedingungen.

Eurofit (van Mechelen, 1991) basiert auf der internationalen Kommissionsarbeit im CDDS, der in der Sport Science Studies veröffentlichte Testvorschlag von Telama und Naul (2002) orientiert sich ebenfalls an den Vorarbeiten einer internationalen Projektgruppe und der WIAD-Test (WIAD, 2000) gründet auf dem Münchener Fitness Test von Rusch und Irrgang (1994).

In der Tabelle 2.1 sind diese acht Testbatterien dargestellt.

Tab. 2.1. *Beschreibung und Beurteilung von acht publizierten Testbatterien.*

			MRI	**Düsseldorfer Test**	**Eurofit**	**KATS-K**	**Kinderturn-Test**	**MoMo**	**Sport Science Studies**	**WIAD**
			Bös et al., 2007	Stemper, 2003 www.check-duesseldorf.de	van Mechelen, 1991	Bös et al., 2001	Bös et al., 2006	Bös et al., 2002 Bös et al., 2006	Telama, Naul u.a., 2002	Originalversion Münchener Fitness Test Rusch & Irrgang, 1991, 1994; WIAD, 2000
AA	**Aerobe Ausdauer**	Lokomotions-bewegungen (gehen, laufen)	6 Minuten Lauf	6 Minuten Lauf	Shuttle Run	6 Minuten Lauf	6 Minuten Lauf	6 Minuten Lauf	Shuttle Run	6 Minuten Lauf Stufensteigen 1 Minute
AnA	**Anaerobe Ausdauer**		—	—	—	—	—	—	—	—
KA	**Kraftausdauer**	Teilkörper-bewegungen oE R	Liegestütz	Sit-ups	Klimmzughang	Liegestütz Sit-ups Matthiaß Test	Liegestütz	Liegestütz	Crunches	Halten im Hang
MK	**Maximalkraft**	Teilkörper-bewegungen oE	—		Handkraft	Handkraft	—	—	—	—
SK	**Schnellkraft**	Lokomotions-bewegungen (Sprünge) Teilkörper-bewegungen oE	Standweit	Medizinball	Standweit	Standweit Medizinball	Standweit	Standweit Messplatte	Standweit 5er Sprung	Standhoch
AS	**Aktions-schnelligkeit**	Lokomotionsbe-wegungen (laufen)		20m	Shuttle Run	20m —		—	—	—
RS	**Reaktions-schnelligkeit**		—	—	—	—	—	Reaktionstest PC	—	—
KZ	**Koordination unter Zeitdruck**	Lokomotions-bewegungen (Sprünge, laufen) Feinmotorik	seitl. Hin und Her	Hindernislauf	Tapping	Hindernislauf	seitl. Hin und Her	seitl. Hin und Her MLS-Linien MLS-Stifte	—	Ballprellen
KP	**Koordination bei Präzisions-aufgaben**	Teilkörper-bewegungen oE uE	Balance rw	Zielwerfen Ball-Beine-Wand	Einbeinstand	Zielwerfen Ball-Beine-Wand	Balance rw Einbeinstand	Balance rw Einbeinstand	—	Zielwerfen
B	**Beweglichkeit**	Haltung		Rumpfbeugen	Sit and Reach	Rumpfbeugen	Rumpfbeugen	Rumpfbeugen	Sit and Reach	Rumpfbeugen
Kon	**Konstitution**		BMI Körperfettanalyse	BMI	—	BMI	BMI	BMI	BMI	BMI

Kurzbeschreibung der Testbatterien

MRI-Test (Bös et al., 2007)
Der MRI-Test ist eine Kurzform von MoMo, die im Rahmen der Evaluation der 24 ausgewählten Modellprojekte von *,Besser Essen. Mehr Bewegen'* durch die BfEL eingesetzt wird. Die Evaluation ist im Jahre 2007 gestartet.

Düsseldorfer Test (www.check-duesseldorf.de; Stemper, 2003)
N=4.700; m,w; 6-10 Jahre; Düsseldorf
Der Düsseldorfer Test entspricht im Wesentlichen dem KATS-K. Der Test wird flächendeckend in Düsseldorfer Grundschulen eingesetzt.

Eurofit (Van Mechelen, 1991)
N=mehrere zig Tausend; m,w; 12-16 Jahren; repräs. für NL; flächendeckend in EU
Der Eurofit ist Ergebnis internationaler Kommissionsarbeit. In Deutschland hat sich der Test wegen seiner fehlenden Akzeptanz und Praktikabilität (hoher Testaufwand) nie durchgesetzt. Der Gültigkeitsbereich erstreckt sich von 12-16 Jahren.

KATS-K (Bös et al., 2001)
N=1.600; m,w; 6-10 Jahre; in sechs Bundesländern
Das Karlsruher Testsystem wurde im Rahmen einer von den Unfallkassen finanzierten Untersuchung in Grundschulen aus sechs Bundesländern durchgeführt. Das KATS-K besteht im Wesentlichen aus dem AST und dem HAKI-Test (vgl. Bös, 2001). Der Gültigkeitsbereich erstreckt sich auf das Alter 6-10 Jahre.

Kinderturn-Test (Bös et al., 2006)
N>100.000; m,w; 3-10 Jahre; flächendeckend in Deutschland
Der Kinderturntest wird im Rahmen der DTB-Kinderturnkampagne eingesetzt. Der Test ist ein Kooperationsprodukt von Universität Karlsruhe, Barmer, DTB und Landesstiftung Baden-Württemberg. Bei der Testentwicklung und -evaluation (Datenbasis N=1.406) wurde den Erfordernissen der Praxis (wenig Geräte, leichte Durchführbarkeit) Rechnung getragen. Der Gültigkeitsbereich erstreckt sich von 3-10 Jahren.

MoMo (Bös et al., 2002)
N=4.529; m,w; 4-17 Jahre; repräsentativ für Deutschland
MoMo wurde im Rahmen des Kinder- und Jugendsurveys des RKI (KiGGs) entwickelt. MoMo deckt das gesamte motorische Fähigkeitsspektrum ab. Wegen der speziellen Testsituation (Einzeltest im kleinen Testraum) kamen keine 'sportnahen Tests' (z.B. 20m-Lauf, 6-min-Lauf) zum Einsatz. Bei einer MoMo-Testung in Luxemburg (Bös et al., 2006) wurde für die Altersgruppen 9,14,17 Jahre der 6-min-Lauf durchgeführt.

Sport Science Studies (Telama, Naul u.a., 2002)
N=5.000; m,w; 12-15 J.; sechs Länder (anfallende Stichprobe)
Der Test besteht aus fünf Aufgaben, die z.T. relativ ungebräuchlich sind (Shuttle Run, Crunches, 5er Sprung). Der Gültigkeitsbereich erstreckt sich von 12-15 Jahren.

WIAD (Rusch & Irrgang, 1994 [Original]; WIAD, 2000)
N=740.000 (WIAD); N=269 (Rusch & Irrgang); 6-18; m,w; flächendeckende Lehrertestung in Deutschland
Der WIAD-Test stammt im Original von Rusch (1991) und wurde zur Sportförderdiagnostik entwickelt. Der Test wurde nicht auf Gütekriterien überprüft. Der Test deckt die vorgeschlagene Aufgabentaxonomie nicht umfassend ab. Das WIAD hat den Test um den 6-min-Lauf ergänzt und lässt den Test durch Lehrerinnen und Lehrer in umfassender Weise durchführen. (z.B. Fitnesslandkarte Niedersachsen) Der Gültigkeitsbereich erstreckt sich von 6-18 Jahren.

3 Testvorschlag zur Erfassung motorischer Fähigkeiten

3.1 Testziele und Anwendungsbereich des Deutschen Motorik-Tests

Testziele

Die Testbatterie soll es gestatten, bundesweit das Niveau motorischer Fähigkeiten von Kindern und Jugendlichen kontinuierlich zu erheben, um zukünftige politische Entscheidungen auf der Grundlage verlässlicher Daten treffen zu können.

Fragen zur Messung des aktuellen Leistungszustandes sowie zur Messung von Leistungsveränderungen – auf der Basis motorischer Fähigkeiten – werden beantwortet.

Sportliche Fertigkeiten werden mit dem Test nicht erfasst.

Anwendungsbereich

Der Test soll in Schulen und Vereinen für Kinder und Jugendliche des Altersbereiches von 6 bis 18 Jahren durchführbar sein.

Der Test ist so konzipiert, dass er nach einer Testleiterschulung von Lehrerinnen und Lehrern sowie Übungsleiterinnen und Übungsleitern im Routinebetrieb von Unterricht und Training mit der Unterstützung durch Hilfspersonal durchgeführt werden kann.

Die Testleiterschulung kann auch mittels Testmanual und CD erfolgen.

Die Durchführung der einzelnen Testaufgaben ist einfach und erfordert einen geringen Gerätebedarf (vgl. Kapitel 4).

Die Testauswertung ist mit Hilfe von einfachen Auswertungstabellen möglich.

Für eine zeitsparende und optisch ansprechende Auswertung wird eine Auswertungs-CD erstellt und Auswertungssoftware internetbasiert zur Verfügung gestellt.

Aktuelle Informationen sowie Organisationshilfen für die Durchführung des Deutschen Motorik-Tests stehen im Internet unter www.deutscher-motorik-test.de.

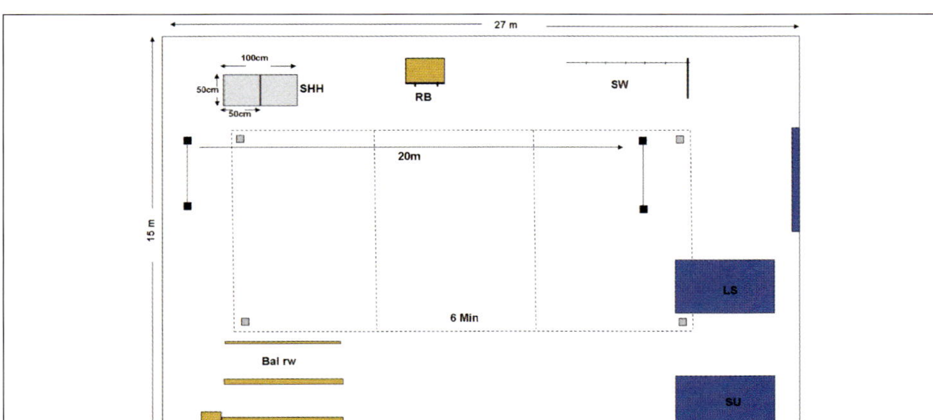

Abb. 3.1. Beispielhafter Testaufbau in einer Einfachturnhalle (15m x 27m).

3.2 Testkonstruktion des Deutschen Motorik-Tests

3.2.1 Vorarbeiten

Grundlage der Testbatterie sind publizierte Motoriktests, die von der dvs-Expertengruppe gesichtet und diskutiert wurden (vgl. Kapitel 2.4). Ebenfalls erfolgte eine Anhörung von Testexperten. Eine wichtige Grundlage für die Testentwicklung bildete die repräsentative Untersuchung zu Motorik und körperlich-sportlicher Aktivität (MoMo), die im Rahmen des nationalen Kinder- und Jugend Gesundheitssurveys (www.KIGGS.de) durchgeführt wurde.

Exkurs zu MoMo (www.motorik-modul.de)

Im Jahr 2002 wurde am Institut für Sport und Sportwissenschaft der Universität Karlsruhe von der Forschergruppe des Motorik-Moduls für das bundesweite Motoriksurvey (MoMo) eine Testbatterie für Kinder und Jugendliche von 4-17 Jahren entwickelt.

Für die Konstruktion von MoMo wurde eine Vielzahl von Testaufgaben gesichtet. Diese wurden 20 Testexperten mit der Bitte vorgelegt, die Testaufgaben hinsichtlich deren Aussagekraft und Akzeptanz zu beurteilen. Von 13 Experten lagen daraufhin Testbeurteilungen vor. Basierend auf diesen Beurteilungen wurden elf Testaufgaben zusammengestellt, die empirisch hinsichtlich Objektivität, Reliabilität, Validität, Akzeptanz und Durchführbarkeit überprüft wurden.

MoMo wurde in Einzeltestung in kleinen Testräumen durchgeführt. Daher musste bei MoMo auf sportnahe Testaufgaben (z.B. Läufe) verzichtet werden. Stattdessen wurden bei MoMo auch die Reaktionsschnelligkeit und die Feinmotorik berücksichtigt.

Daraus resultierte eine Testbatterie mit elf Testaufgaben. Auf der Basis der repräsentativen MoMo-Stichprobe wurden alters- und geschlechtsspezifische Normwerte erstellt. Die elf Testaufgaben erfassen die motorischen Fähigkeitsbereiche aerobe Ausdauer, Kraftausdauer, Schnellkraft, Reaktionsschnelligkeit, Koordination bei Präzisionsaufgaben und Beweglichkeit.

Diese Testbatterie wurde 2003-2006 repräsentativ für Deutschland mit 4.529 Kindern und Jugendlichen durchgeführt. »MoMo« erhebt den Anspruch, das komplexe Spektrum der motorischen Fähigkeiten weitgehend abzudecken (Bös et al., 2004).

3.2.2 Rahmenbedingungen des Deutschen Motorik-Tests

Die hier vorgeschlagene Testbatterie sollte folgenden Rahmenbedingungen genügen:

- Testdurchführung in Sporthallen
- Weitestgehender Verzicht auf apparative Messvorrichtungen
- Testaufgaben, die leicht erklärt und einfach durchgeführt werden können
- Testaufgaben, die bei Testern und Testpersonen auf hohe Akzeptanz stoßen
- Testaufgaben, die alle Gütekriterien erfüllen

Daraus resultierte der Verzicht auf apparative Tests der MoMo-Testbatterie zur Erfassung von Reaktionsschnelligkeit (PC-Test), Schnellkraft (Messplatte) und Feinmotorik (MLS-Testgeräte). Stattdessen kamen wegen der Durchführung in einer Sporthalle »sportnahe« Tests (Sprint, Dauerläufe) für die Erhebung der Aktionsschnelligkeit und der aeroben Ausdauer zum Einsatz.

Insgesamt wurden auf der Basis theoretischer Vorarbeiten und der Experteneinschätzungen im Rahmen des MoMo sowie der Diskussion innerhalb des dvs-ad-hoc-Ausschusses nachstehende acht Testaufgaben ausgewählt.

Aufgabenauswahl

Tab. 3.1. *Testaufgaben.*

Aufgabenstruktur		**Motorische Fähigkeiten**						**Passive Systeme der Energieübertragung**
		Ausdauer	Kraft		Schnelligkeit	Koordination		Beweglichkeit
		AA	KA	SK	AS	KZ	KP	B
Lokomotionsbewegungen	gehen, laufen	6-Min			20m		Bal rw	
	Sprünge			SW		SHH		
Teilkörperbewegungen	Obere Extremitäten		LS					
	Rumpf		SU					RB

Kürzel der Testitems

6-Min	6-Minuten-Lauf
SW	Standweitsprung
LS	Liegestütz in 40 sec
SU	Sit-ups in 40 sec
20m	20 Meter Sprint
Bal rw	Balancieren rückwärts auf einem Balken
SHH	Seitliches Hin- und Herspringen
RB	Rumpfbeugen

Konstitution

Ergänzend werden die konstitutionellen Merkmal Größe, Gewicht und der daraus berechnete Body Mass Index (BMI) erfasst.

3.2.3 Beurteilung der Testbatterie vor dem Hintergrund der Aufgabentaxonomie

Die Aufgabentaxonomie weist 7 x 4 = 28 Beschreibungskategorien auf, die mit acht Testaufgaben gefüllt ist.

Die vertikale Betrachtung nach Fähigkeiten zeigt, dass bis auf Kraftausdauer (Liegestütz, Sit-ups) alle Bereiche einfach besetzt sind. Die zentralen motorischen Fähigkeiten (Ausdauer, Kraft, Schnelligkeit, Koordination und Beweglichkeit) sind in der Testbatterie repräsentiert.

Die horizontale Betrachtung nach Aufgabenstruktur zeigt fünf Lokomotionsbewegungen (2 x Läufe, 2 x Sprünge, 1 x balancieren rückwärts) und drei Teilkörperbewegungen (2 x Rumpf, 1 x obere Extremitäten).

Beim Betrachten der muskulären Beanspruchung ist die Beinmuskulatur am stärksten repräsentiert. Auch die Rumpfmuskulatur sowie die Muskulatur der oberen Extremitäten wurden bei den Tests berücksichtigt.

3.3 Alternative Testaufgaben

Im Ausschuss wurden auch andere Testaufgaben in Betracht gezogen. Folgende alternative Testaufgaben wurden diskutiert und verworfen:

Tab. 3.2. *Diskutierte Testaufgaben.*

Fähigkeit/Test	Quelle	Ausschlussgründe
AA		
Ergometer	MoMo	in Schule und Verein nicht praktikabel
Shuttle Run (Ausdauer)	Eurofit, Science Studies	wenig Testerfahrungen (Vergleichsstudie wurde durchgeführt)
Stufentest	WIAD	nicht valide
KA		
Matthias Test	KATS-K	eingeschränkter Altersbereich
Halten im Hang	WIAD, Eurofit	sehr motivationsabhängig
Crunches	Science Studies	wenig gebräuchlich; Alter eingeschränkt
MK		
Handkraft	KATS-K, Eurofit	in Schule und Verein nicht praktikabel
SK		
Messplatte	MoMo	in Schule und Verein nicht praktikabel
MedBall	KATS-K, Dü-Test	Alter eingeschränkt
Standhoch	WIAD	weniger valide als Standweit
5er Sprung	Science Studies	wenig gebräuchlich
Shuttle Run (Sprint)	Eurofit	wenig gebräuchlich, komplex
RS		
Reaktionstest	MoMo	elektronisch in Schule und Verein nicht praktikabel, manuell ungenau
KZ		
Hindernislauf	KATS-K, Dü-Test	Alter eingeschränkt
Ballprellen	WIAD	eingeschränkter Altersbereich
Tapping	Eurofit	nicht möglich über gesamte Altersspanne
MLS	MoMo	in Schule und Verein nicht praktikabel
KP		
Zielwerfen	KATS-K, Dü-Test, WIAD	eingeschränkter Altersbereich (wird für Testweiterentwicklung erprobt)
Sit and reach	Eurofit, Science Studies	höherer apparativer Aufwand als Rumpfbeuge
Einbeinstand	MoMo	geringe Trennschärfe und schiefe Rohwertverteilung

4 Beschreibung der Testaufgaben

4.1 Testmaterialien

Standardmaterialien bzw. Verbrauchsmaterial

Die Standardmaterialien gehören zur Grundausstattung einer Turnhalle:

- 3 Stoppuhren (Sit-ups, Liegestütz, Seitlich Hin und Her, 6-Min-Lauf)
- 6 Markierungshütchen (20m-Sprint, 6-Min-Lauf)
- 1 Maßband (Standweitsprung)
- 2 Gymnastikmatten (Sit-ups, Liegestütz)
- Kreppband (Standweitsprung, evtl. Seitlich Hin und Her)
- Doppelseitiges Klebeband (Seitlich Hin und Her)
- 1 Metermaß (Körpergröße)
- 1 Waage zum Messen des Körpergewichts

Spezielle Testmaterialien

Die speziellen Testmaterialien kann man entweder bauen oder in einem Test-Set beziehen. Hinweise zur Beschaffung der Testmaterialien finden Sie im Internet unter www.deutscher-motorik-test.de

- Balancierbalken in 6 cm, 4,5 cm und 3 cm Breite, 5 cm Höhe und 300 cm Länge. Startbrett in 40 cm Länge, 40 cm Breite und 5 cm Höhe (Balancieren rw) (Abb. 4.1)
- Ein Holzkasten oder eine Langbank mit angefertigter Zentimeterskala. Es ist darauf zu achten, dass der Nullpunkt auf Höhe des Sohlenniveaus angebracht ist und die Positivwerte unterhalb sowie die Negativwerte oberhalb des Nullpunktes. (Rumpfbeuge) (Abb. 4.2)
- Rutschfeste Teppichmatte (50 x 100 cm) mit Mittellinie (Seitlich Hin und Her) *Um auf die Teppichmatte verzichten zu können, kann das Feld für das Seitliche Hin- und Herspringen auch mit Kreppband aufgeklebt werden.*

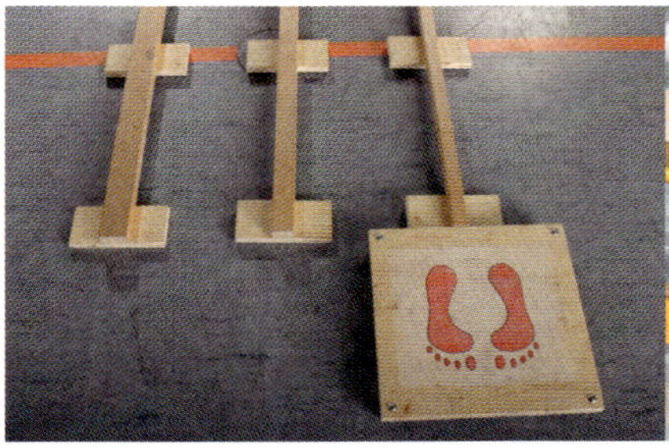

Abb. 4.1. 3 Balancierbalken mit Startbrett.

Abb. 4.2. links: Auf einem Brett angebrachte Zentimeterskala an einer Langbank; rechts: eine Rumpfbeugekiste mit aufgeklebter Zentimeterskala.

4.2 Testdurchführung

Die ausführlichen Hinweise zur Testdurchführung der einzelnen Testaufgaben befinden sich in Kapitel 4.3.

Bei der Testdurchführung gibt es zwei Varianten, die sich im Anspruch an die Qualität der Datenerhebung unterschieden. Zum einem eine wissenschaftliche Testung, bei der die erhobenen Daten für Forschungsarbeiten verwendet werden, und zum anderen der Routineeinsatz des Tests in Schule und Verein. Dabei werden die hohen Teststandards reduziert, um die Ökonomie der Testdurchführung zu erhöhen. Weiterhin gibt es bei der Testdurchführung zwei unterschiedliche Organisationsformen.

Routinetestung vs. wissenschaftliche Testung

Routinetestung in Schule und Verein

Bei einer *Routinetestung in Schule und Verein* steht die Ökonomie der Testdurchführung im Vordergrund. In kurzer Zeit soll eine möglichst hohe Anzahl von Probanden getestet werden können.

Die Testdurchführung erfolgt im Stationsbetrieb. Es wird empfohlen, den Sprint am Anfang durchzuführen. Der 6-Min-Lauf muss am Ende durchgeführt werden, da die körperliche Leistungsfähigkeit nach einer eine Ausdauerbelastung eingeschränkt ist. Die Pause zwischen den Testaufgaben sollte eine vollständige Erholung gewährleisten.

Das Testpersonal sollte aus mindestens einer geschulten Person bestehen, die dann weitere Testhelferinnen und Testhelfer einweist. Die Testaufgaben werden von den Testhelferinnen und Testhelfern betreut. Der 6-min-Lauf wird am Ende mit bis zu 14 Testpersonen gleichzeitig durchgeführt. Bei den Testaufgaben »20m-Sprint« und »Seitliches Hin und Herspringen« kann der zweite Wertungsversuch weggelassen werden. Der »20m-Sprint« kann mit bis zu 3 Testpersonen gleichzeitig durchgeführt werden.

Folgende Rahmenbedingungen sollten bei der Testdurchführung gegeben sein:

- Jede Testperson erhält eine standardisierte Testinstruktion.
- Jede Testaufgabe wird nach ausreichender Pause im erholten Zustand durchgeführt.
- Die Testperson muss die jeweilige Testaufgabe verstanden haben, bevor die Testaufgabe absolviert wird.
- Mindestens eine geschulte Person überwacht und koordiniert die Testdurchführung.

Bei der Routinetestung können bis zu 28 Probanden in 90 Minuten getestet werden.

Wissenschaftliche Testung

Für eine wissenschaftliche Testung gelten folgende Rahmenbedingungen:

- Die Testaufgaben müssen in folgender Reihenfolge durchgeführt werden: Am Beginn (1) wird der 20m-Lauf durchgeführt. Die Aufgaben im Block 2 können im Stationsbetrieb in beliebiger Reihenfolge absolviert werden. Am Ende (3) wird der 6-Minuten-Lauf durchgeführt.

  (1) 20m-Sprint
  (2) Balancieren rückwärts, Seitliches Hin und Herspringen, Rumpfbeuge, Liegestütz, Sit-ups, Standweitsprung
  (3) 6-Minuten-Lauf

- Jede Testperson erhält eine standardisierte Testinstruktion. Der Testaufbau ist standardisiert. Die Testperson muss die die jeweilige Testaufgabe verstanden haben, bevor die Testaufgabe absolviert wird. Während der Testdurchführung muss eine ruhige Atmosphäre herrschen.
- Jede Testaufgabe wird nach ausreichender Pause im erholten Zustand durchgeführt.

- Die Anzahl der jeweiligen Probeversuche ist fest vorgegeben. Bis auf die Testaufgaben »Liegestütz«, »Sit-ups« und »6-Minuten-Lauf« werden bei jeder Testaufgabe zwei Wertungsversuche durchgeführt.
- Das komplette Testpersonal muss eine standardisierte Schulung absolvieren.

Bei einer wissenschaftlichen Verwendung können in 90 Minuten 20 Probanden von sechs geschulten Testleiterinnen und Testleitern getestet werden.

Organisationsformen

Prinzipiell kann man bei der Testdurchführung die Varianten »Feste Testleiter an den Stationen« und »Testleiter durchlaufen die Testaufgaben« unterscheiden.

Feste Testleiter an den Stationen
Diese Variante hat den Vorteil, dass das Testpersonal nur in einer Testaufgabe eingewiesen sein muss. Bei der empfohlenen Durchführung (mit dem 20m-Sprint am Anfang sowie dem 6-Minuten-Lauf am Ende) werden für die Testdurchführung mindestens sechs Testleiter benötigt. Für die Durchführung des 20m-Sprints werden auf Grund des externen Starters zwei Testleiter benötigt.

Testleiter durchlaufen die Testaufgaben
Durchlaufen die Testleiter mit den Probanden die einzelnen Testaufgaben, so ist die Testdurchführung unabhängig von der Anzahl des Testpersonals. Ein Testleiter kann dann mit bis zu drei Probanden die Testaufgaben absolvieren. Der 20m-Sprint wird weiterhin am Anfang und der 6-min-Lauf zum Schluss durchgeführt.

Anmerkung

Um die Auswirkung der Testdurchführungsvarianten auf die Testergebnisse zu überprüfen wurde eine Pilotstudie durchgeführt, bei der mit einer Schulklasse im Abstand von vier Tagen der Deutsche Motorik-Test in den beiden Varianten »Routinetestung mit variabler Aufgabenreihenfolge« sowie »Wissenschaftliche Testung mit fixer Aufgabenreihenfolge« durchgeführt wurde. Die Routinetestung führt zu geringfügig höheren Leistungswerten, die Leistung des Einzelnen wird dabei im Vergleich zur wissenschaftlichen Durchführung also tendenziell überschätzt. Dies gilt es auch beim Vergleich mit den hier genannten Normwerten zu beachten, die auf der Basis der wissenschaftlichen Testdurchführung ermittelt wurden. Für den Vergleich mit den Normwerten empfehlen wir daher eine strikte Einhaltung der festgelegten Aufgabenreihenfolge. Für Routinetestungen, bei dem es lediglich um einen individuellen Leistungsvergleich im Klassenverband oder in einer Sportgruppe geht, kann aus Gründen der Testökonomie auch von der festen Reihenfolge abgewichen werden. Die Testdurchführung ist dann ökonomischer, aber weniger aussagekräftig – insbesondere hinsichtlich des Vergleichs mit den Normwerten.

Durchführungsbeispiele

Ein Test kann auf unterschiedliche Arten durchgeführt werden. Wir unterscheiden hier in Abhängigkeit von der Anzahl verfügbarer Testleiter drei typische Varianten. Handreichungen mit exakten Durchführungshinweisen und Organisationhilfen stehen im Internet unter www.deutscher-motorik-test.de.

Testdurchführung durch einen Testleiter
Damit beispielsweise ein Lehrer seine Klasse testen kann, muss die Testdurchführung auf mehrere Sportstunden verteilt werden. Die Testdurchführung ist dabei für ca. 26 Schülerinnen und Schüler in vier Doppelstunden möglich. Hierbei werden immer zwei Testaufgaben in einer Doppelstunde absolviert.

Testdurchführung mit 2-5 Testleitern
Wenn für die Testdurchführung weniger als sechs Testleiter und Testleiterinnen zur Verfügung stehen, begleiten die Testleiter die Testpersonen durch alle Testaufgaben. Es ist sinnvoll die

Testdurchführung gruppenweise zu organisieren, dabei sollten auf jeden Testleiter maximal drei Testpersonen kommen. Zu Beginn absolviert die gesamte Gruppe den 20m-Sprint, anschließend absolviert jeder Testleiter mit bis zu drei Testpersonen die Testaufgaben in beliebiger Reihenfolge. Wichtig ist, dass die Pausen zwischen den Testaufgaben lange genug sind, um eine vollständige Erholung zu gewährleisten. Zum Abschluss absolviert die gesamte Gruppe den 6-Min-Lauf gemeinsam.
Mit drei Testleitern können 15 Kinder in ca. 90 min getestet werden.

Testdurchführung mit mindestens sechs Testleitern
Bei mindestens sechs Testleitern bietet sich an, die Stationen mit festen Testleitern zu besetzen und die Testung gruppenweise zu organisieren. Pro Durchgang können hierbei 8-12 Kinder in ca. 45 Minuten getestet werden.

Die Testpersonen absolvieren alle zu Beginn den 20m-Sprint. Der 20m-Sprint wird auf zwei Bahnen zeitgleich durchgeführt. Dabei fungiert an jeder Bahn ein Testleiter als Starter und ein Testleiter als Zeitnehmer; ein Testleiter trägt die Zeiten in die Erfassungsbögen ein und organisiert den Ablauf.

Nach dem 20m-Sprint nimmt jeder Testleiter ein bis zwei Testpersonen mit zu seiner Station. Hat der Testleiter die Testaufgabe mit seiner Testperson absolviert, bringt er das Kind zu einer beliebigen freien Station. Zwischen den Stationen muss jedes Kind mindestens zwei Minuten Pause haben, um eine vollständige Erholung zu gewährleisten.

Nachdem die gesamte Gruppe alle Stationen absolviert hat, wird der 6-Min-Lauf gemeinsam durchgeführt. Dabei kümmert sich jeder Testleiter um zwei Testpersonen.

4.3 Testitems

20m-Sprint (20m)

Abb. 4.3. 20m-Sprint.

Testziel
Die Aufgabe dient der Überprüfung der Aktionsschnelligkeit.

Testaufgabe
Die Testperson muss eine Strecke von 20m in möglichst kurzer Zeit zurücklegen. Zu Beginn der Testaufgabe steht die Testperson aufrecht und in Schrittstellung hinter der Startlinie. Ein externer Starter gibt das akustische Startsignal. Auf Höhe der Ziellinie wird die Zeit manuell gestoppt. Die Aufgabe wird zweimal durchgeführt.

Messwertaufnahme
Gemessen wird die Laufzeit in Sekunden auf 1/10 Sekunden genau.

Datenverarbeitung
Messwert ist der Bestwert.

Testaufbau
Als Startlinie dient die Grundlinie des Handballfeldes und Ziellinie ist die Mittellinie. Start und Ziel werden jeweils mit 2 Markierungshütchen markiert. Falls in der Sporthalle kein Handballfeld markiert sein sollte, werden zwei Linien mit Klebeband im Abstand von 20 Metern angebracht. Nach der Ziellinie muss genügend Auslauf vorhanden sein. Bei kleinen Sporthallen muss der Sprint unter Umständen diagonal durchgeführt werden.

Testmaterialien
Stoppuhr, Handballfeld, evtl. Klebeband, Markierungshütchen.

Besondere Hinweise
Die Genauigkeit der Handstoppung wurde in einer Studie erfolgreich überprüft (vgl. Kapitel 5.1). Der externe Starter überwacht den Start. Bei einem Fehlstart wird der Lauf sofort abgebrochen und wiederholt.

Referenz
KATS-K (Bös et al., 2001); Fetz & Kornexl (1978)

Balancieren rückwärts (Bal rw)

Abb. 4.4. Balancieren rückwärts.

Testziel
Die Aufgabe dient der Überprüfung der Koordination bei Präzisionsaufgaben.

Testaufgabe
In jeweils zwei gültigen Versuchen balanciert die Testperson rückwärts über einen 6 cm, 4,5 cm und 3 cm breiten Balken. Der Test beginnt stets am Startbrett. Gezählt werden die Anzahl der Schritte, bis es zum Bodenkontakt kommt. Es wird ein Probeversuch vorwärts und rückwärts durchgeführt. Anschließend werden zwei gültige Versuche pro Balken gewertet. Die Testaufgabe wird vorher demonstriert.

Messwertaufnahme
Gezählt wird die Anzahl der Schritte. Das erste Fußaufsetzen wird noch nicht gewertet. Erst wenn der zweite Fuß das Startbrett verlässt und den Balken berührt, werden die Schritte (Punkte) gezählt. Gewertet wird die Anzahl der Schritte, bis ein Fuß den Boden berührt oder acht Punkte erreicht sind. Sollte die Strecke mit weniger als acht Schritten bewältigt werden, so sind acht Punkte anzurechnen.

Datenverarbeitung
Messwert ist die Summe der Punkte aus allen sechs Versuchen.

Testaufbau
Die drei Balken und Startbrett werden rutschfest auf dem Boden befestigt. Bei Unebenheiten werden die Balken unterlegt, so dass sie stabil stehen.

Testmaterialien
Drei Balancierbalken in 6 cm, 4,5 cm und 3 cm Breite. Alle Balken sind 5 cm hoch und 300 cm lang. Startbrett in 40 cm Länge, 40 cm Breite und 5 cm Höhe.

Besondere Hinweise
Die Übung soll mit Sportschuhen durchgeführt werden. Es ist auf eine ruhige Atmosphäre zu achten, da für die Testaufgabe eine hohe Konzentration erforderlich ist.

Referenz
MoMo-Testmanual (Bös et al., 2004); KTK (Kiphard & Schilling, 1970)

Seitliches Hin- und Herspringen (SHH)

Abb. 4.5. Seitliches Hin- und Herspringen.

Testziel
Die Aufgabe dient der Überprüfung der Koordination unter Zeitdruck bei Sprüngen.

Testaufgabe
Die Aufgabe besteht darin, mit beiden Beinen gleichzeitig so schnell wie möglich, innerhalb von 15 Sekunden, seitlich über die Mittellinie einer Teppichmatte hin- und herzuspringen. Vor Testbeginn absolviert die Testperson fünf Probesprünge. Die Testperson hat zwei Testversuche. Zwischen den Testversuchen ist eine Pause von mindestens einer Minute. Die Testaufgabe wird zu Beginn vom Testpersonal demonstriert.

Messwertaufnahme
Erfasst wird die Anzahl der ausgeführten Sprünge von zwei gültigen Versuchen (hin zählt als 1, her als 2 usw.) von je 15 Sekunden Dauer. Nicht gezählt werden Sprünge bei denen die Testperson auf die Mittellinie tritt oder eine der anderen Seitenlinien übertritt sowie Sprünge die nicht beidbeinig durchgeführt werden.

Datenverarbeitung
Messwert ist der Mittelwert aus beiden Versuchen.

Testaufbau
Eine Teppichmatte mit 50 x 100 cm Größe mit markierter Mittellinie wird mit doppelseitigem Klebeband rutschfest angebracht. Alternativ kann das Feld mit den Maßen der Teppichmatte auf den Hallenboden aufgeklebt werden.

Testmaterialien
Stoppuhr, rutschfeste Teppichmatte (50 x 100 cm) mit Mittellinie, doppelseitiges Klebeband zur Befestigung der Teppichmatte.

Besondere Hinweise
Die Übung soll mit Sportschuhen durchgeführt werden.

Referenz
MoMo-Testmanual (Bös et al., 2004); KTK (Kiphard & Schilling, 1970)

Rumpfbeuge (RB)

Abb. 4.6. Rumpfbeuge.

Testziel
Die Aufgabe dient der Überprüfung der Rumpfbeweglichkeit.

Testaufgabe
Die Testperson steht auf einer Langbank oder einem extra angefertigten Holzkasten. Sie beugt den Oberkörper langsam nach vorne ab und die Hände werden parallel, entlang einer Zentimeterskala, möglichst weit nach unten geführt. Die Beine sind parallel und gestreckt. Die maximal erreichbare Dehnposition ist zwei Sekunden lang zu halten. Der Skalenwert wird an dem tiefsten Punkt, den die Fingerspitzen berühren, abgelesen. Die Testperson hat zwei Versuche. Zwischen dem ersten und zweiten Versuch soll sich die Testperson kurz aufrichten.

Messwertaufnahme
Der erreichte Skalenwert (pro Versuch) wird notiert. Zu beachten ist, dass die Skala unter dem Sohlenniveau positiv und darüber negativ ist. Der Nullpunkt ist auf Sohlenniveau.

Datenverarbeitung
Messwert ist der Bestwert in der Relation zum Sohlenniveau.

Testaufbau
An einem vorgefertigten Holzkasten bzw. einer Langbank ist eine Zentimeterskala senkrecht befestigt, die sowohl Positiv- als auch Negativwerte anzeigt. Der Nullpunkt befindet sich auf Höhe des Sohlenniveaus. Unterhalb der Kante ist die Skala positiv, oberhalb ist sie negativ. Die Testperson steht ohne Schuhe auf dem Holzkasten.

Testmaterialien
Ein Holzkasten mit angebrachter Zentimeterskala (s. Abb. 4.2). Alternativ kann ein Brett mit Zentimeterskala an einer Langbank befestigt werden.

Besondere Hinweise
Die Übung wird ohne Sportschuhe durchgeführt. Es ist darauf zu achten, dass die Testaufgabe langsam durchgeführt wird.

Referenz
MoMo-Testmanual (Bös et al., 2004); Fetz & Kornexl (1978)

Liegestütz (LS)

Abb. 4.7. Liegestütz.

Testziel
Die Aufgabe überprüft die Kraftausdauer der oberen Extremitäten.

Testaufgabe
Die Testperson soll innerhalb von 40 Sekunden so viele Liegestütze wie möglich durchführen. In der Ausgangsposition liegt die Testperson in Bauchlage und die Hände berühren sich auf dem Gesäß. Sie löst die Hände hinter dem Rücken, setzt sie neben den Schultern auf und drückt sich vom Boden ab, bis die Arme gestreckt sind und der Körper vom Boden gelöst ist. Anschließend wird eine Hand vom Boden gelöst und berührt die andere Hand. Während dieses Vorgangs haben nur Hände und Füße Bodenkontakt. Der Rumpf und die Beine sind gestreckt. Eine Hohlkreuzhaltung ist zu vermeiden. Danach werden die Arme gebeugt bis der Körper wieder in Bauchlage und die Ausgangsposition eingenommen ist. Bevor ein neuer Liegestütz durchgeführt wird, berührt die Testperson die Hände hinter dem Rücken. Die korrekt ausgeführten Liegestütze in einem Zeitraum von 40 Sekunden werden gezählt. D.h. es wird jedes Mal gezählt, wenn sich die Hände wieder hinter dem Rücken berühren. Die Testaufgabe wird zu Beginn demonstriert. Anschließend absolviert die Testperson zwei Probeversuche.

Messwertaufnahme
Die innerhalb 40 Sekunden korrekt durchgeführten Liegestütze werden gezählt. Als notwendige Kriterien hierfür gelten:

- Nur Hände und Füße berühren den Boden.
- Hand wird oben abgeschlagen.
- Auf dem Rücken wird »abgeklatscht«.
- Beine und Oberkörper müssen den Boden beim Hochstützen gleichzeitig verlassen.

Datenverarbeitung
Messwert ist die Anzahl der Liegestütze in 40 Sekunden.

Testaufbau
Der Test wird auf einer dünnen Gymnastikmatte durchgeführt.

Testmaterialien
Gymnastikmatte, Stoppuhr.

Besondere Hinweise
Die Testaufgabe muss gut demonstriert werden.

Referenz
MoMo-Testmanual (Bös et al., 2004)

Sit-ups (SU)

Abb. 4.8. Sit-ups.

Testziel
Die Aufgabe dient der Überprüfung der Kraftausdauer der Rumpfmuskulatur.

Testaufgabe
Die Testperson muss in 40 Sekunden so viele Sit-ups wie möglich absolvieren. Während der Durchführung werden die Füße vom Testpersonal fixiert und die Beine im Kniegelenk um ca. 80° gebeugt. Die Fingerspitzen werden an die Schläfe und der Daumen hinter das Ohrläppchen gehalten. Die Handhaltung darf während der Durchführung nicht verändert werden. Die Testperson muss bei einem Sit-up aus liegender Position den Oberkörper aufrichten und mit beiden Ellenbogen beide Knie berühren. Beim Ablegen des Oberkörpers müssen beide Schulterblätter die Matte berühren. Es wird ein Durchgang absolviert.

Messwertaufnahme
Gezählt werden alle korrekt durchgeführten Sit-ups innerhalb 40 Sekunden.

Datenverarbeitung
Messwert die Anzahl der Sit-ups in 40 Sekunden.

Testaufbau
Der Test wird auf einer dünnen Gymnastikmatte durchgeführt.

Testmaterialien
Gymnastikmatte, Stoppuhr.

Besondere Hinweise
Die auftretenden Belastungen für die Wirbelsäule sind bei gesunden Testpersonen unproblematisch.

Referenz
KATS-K (Bös et al., 2001)

Standweitsprung (SW)

Abb. 4.9. Standweitsprung.

Testziel
Die Aufgabe dient der Überprüfung der Schnellkraft bei Sprüngen (Sprungkraft).

Testaufgabe
Die Testperson muss mit einem Sprung möglichst weit springen. Der Absprung erfolgt beidbeinig und die Landung ebenfalls auf beiden Füßen. Bei der Landung darf nicht mit der Hand nach hinten gegriffen werden. Die Testaufgabe wird zu Beginn demonstriert. Die Testperson hat zwei Versuche, die gewertet werden.

Messwertaufnahme
Gemessen wird die Entfernung von der Absprunglinie bis zur Ferse des hinteren Fußes bei der Landung. Die Messwertaufnahme erfolgt in Zentimetern.

Datenverarbeitung
Messwert ist der beste Versuch aus zwei Sprüngen.

Testaufbau
Der Test wird auf dem Hallenboden oder einem Sprungteppich durchgeführt.

Testmaterialien
Maßband, Kreppband.

Besondere Hinweise
Die Übung soll mit Sportschuhen durchgeführt werden.

Referenz
MoMo-Testmanual (Bös et al., 2004); Fetz & Kornexl (1978)

Sechs-Minuten-Lauf (6-Min)

Testziel
Messung der aeroben Ausdauer beim Laufen.

Testaufgabe
Die Testpersonen sollen das Volleyballfeld in sechs Minuten möglichst oft umlaufen. Der Ausdauerlauf erfolgt in Gruppen bis ca. zehn Testpersonen. In den sechs Minuten ist Laufen und Gehen erlaubt. Während des Laufs wird in Minutenabständen die noch zu laufende Zeit angegeben. Nach Ablauf der sechs Minuten bleibt jede Testperson an Ort und Stelle stehen und setzt sich dort auf den Boden. Um den Kindern ein Gefühl für den Laufrhythmus zu vermitteln, gibt das Testpersonal die Laufgeschwindigkeit in den ersten zwei Runden vor. Auf Grund der bisher ermittelten Durchschnittszeiten wird ein Lauftempo bei 6- bis 8-jährigen Kindern von ca. 24 Sekunden und bei 9- bis 12-jährigen Kindern von ca. 20 Sekunden pro Runde empfohlen. Bei Jugendlichen gibt es größere geschlechtsspezifische Unterschiede, so dass die durchschnittliche Rundenzeit bei 14-jährigen Mädchen bei ca. 19 Sekunden liegt und bei 14-jährigen Jungen bei ca. 16 Sekunden.

Messwertaufnahme
Der Messwert für jede Testperson ist die in sechs Minuten zurückgelegte Wegstrecke in Metern. Die Wegstrecke wird aus der Anzahl der Runden (1 Runde = 54m) plus der Strecke der angefangenen letzten Runde errechnet.

Datenverarbeitung
Messwert ist die zurückgelegte Wegstrecke auf einen Meter genau.

Testaufbau
Die Laufbahn führt um die Begrenzungslinien des Volleyballfeldes (9 x 18 Meter). An den Eckpunkten des Feldes (50 cm nach innen versetzt) sowie an den Längsseiten werden Markierungshütchen aufgestellt. Eine Laufrunde hat die Länge von 54 Metern.

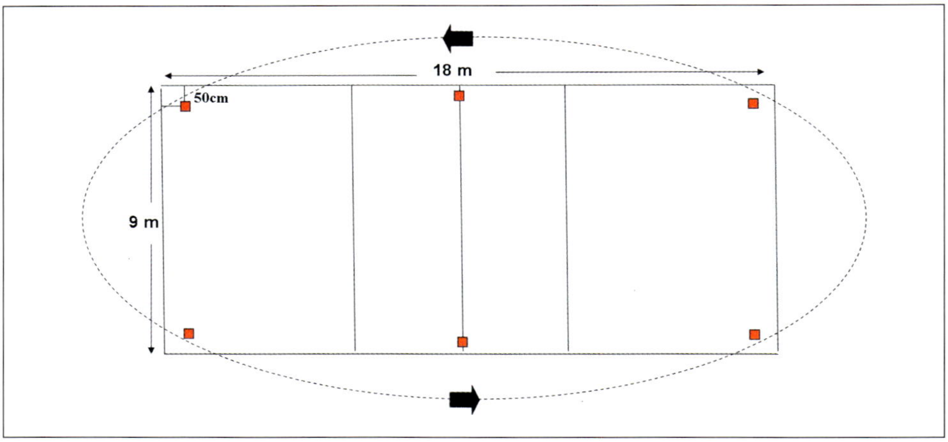

Abb. 4.10. Aufbau 6-Min-Lauf.

Testmaterialien
Stoppuhr, Startnummern, vorgefertigte T-Shirts mit Nummern, sechs Markierungshütchen.

Besondere Hinweise
Für die Testdurchführung werden mindestens zwei Testleiter benötigt. Der Test kann in Gruppen von bis zu 14 Testpersonen durchgeführt werden.

Referenz
KATS-K (Bös et al., 2001); Fetz & Kornexl (1978)

5 Gütekriterien

Methodische Vorbemerkungen

Zur Überprüfung von Gütekriterien wurden zum einen eigene Studien durchgeführt und zum anderen Koeffizienten aus der Literatur übernommen.

In Studie 1 wurde die komplette Testbatterie mit einem zeitlichen Abstand von acht Tagen durchgeführt. Untersuchungsstichprobe waren 45 Jungen und Mädchen einer Karlsruher Grundschule zwischen 7 und 11 Jahren.

In Studie 2 wurde zu den Testaufgaben Liegestütz, Standweitsprung, Seitliches Hin- und Herspringen, Balancieren rw, Rumpfbeuge Objektivität und Reliabilität überprüft (Oberger et al., 2006). Dabei wurde die Objektivität mit doppelter Testleiterbesetzung und die Reliabilität mit der Test-Retest Methode überprüft. Teilgenommen haben 40 Kindergartenkinder, 50 Grundschülerinnen und Grundschüler sowie 48 Gymnasiastinnen und Gymnasiasten (N = 138).

Ergänzend wurden für die Testaufgaben Sit-ups, 20m-Lauf und 6-Min-Lauf Objektivitäts- und Reliabilitätskoeffizienten aus publizierten Testanalysen übernommen.

Zur inhaltlichen Validität liegen Ergebnisse aus publizierten Expertenbefragungen vor. Ebenfalls gibt es Befunde zur Überprüfung von kriterien- und konstruktbezogener Validität. So wurde eine eigene Studie zum Vergleich von 6-Minuten-Lauf mit Shuttle Run und VO_2Max durchgeführt. Zur Dimensionalitätsprüfung (Konstruktvalidität) wurden exploratorische und konfirmatorische Faktorenanalysen berechnet.

5.1 Objektivität

Tab. 5.1. *Objektivität der Testaufgaben (vgl. Studie 2 und Literaturrecherche).*

Testaufgabe	**Objektivität**	**Referenz**
Balancieren rückwärts	.99	Oberger et al. (2006)
Seitliches Hin- und Herspringen	.99	Oberger et al. (2006)
20m-Sprint	.86	Fetz & Kornexl (1978)
Rumpfbeuge (stand and reach)	.99	Oberger et al. (2006)
Liegestütz	.98	Oberger et al. (2006)
Sit-ups	.92	Haag & Singer (1981)
Standweitsprung	.99	Oberger et al. (2006)
6-Min-Lauf	.87	Bös & Mechling (1983)

Die Objektivitätskoefiizienten für alle acht Testaufgaben sind gut bis sehr gut. Im Durchschnitt beträgt der Objektivitätskoeffizient 0,95.

Die Analysen bestätigen, dass es sich in allen Fällen um Testaufgaben handelt, die gut standardisiert sind und hinsichtlich der Testdurchführung keinerlei Probleme verursachen.

Der etwas niedrigere Objektivitätskoeffizient beim 6-Min-Lauf resultiert daraus, dass hier die Objektivität und Reliabilität gleichzeitig durch Testwiederholung mit Versuchsleiterwechsel bestimmt wurden. Der ermittelte Koeffizient ist also eine untere Abschätzung für die Durchführungsobjektivität.

Anmerkung zur Objektivität und Messgenauigkeit beim 20m-Sprint
Für den 20m-Sprint wurde zur Überprüfung der Durchführbarkeit des Tests ein Vergleich von Handstoppung und Lichtschrankenmessung durchgeführt. Dazu wurden drei Gruppen von Testern (á fünf Personen) gebildet, die jeweils sechs Läufe stoppten. Es handelte sich dabei einmal um eine Expertengruppe (versierte Stopper) und zwei Gruppen von Sportstudenten. Eine der Sportstundentengruppen erhielt nach drei Läufen eine Schulung zur Verbesserung der Handstoppung.
Zentrales Ergebnis ist, dass alle drei Gruppen sehr gut stoppten. Alle 90 Einzelmessungen lagen in einem Bereich von 0,2 Sekunden; die maximale Differenz der Gruppenmittelwerte betrug 0,1 Sekunden.
Die Handstoppung ist wegen der Reaktionszeit der Testpersonen grundsätzlich 0,2 sec kürzer als die Lichtschrankenmessung. Eine gezielte Schulung der Handstoppung erwies sich als sinnvoll. Es reduziert die Differenz zwischen Lichtschranke und manuellem Stoppen um 0,057 Sekunden (vgl. Schlenker, 2008).
In einer weiteren Studie wurde die Übereinstimmung von »Stoppern« untereinander sowie die Korrelation zwischen den »Stoppern« und dem Kriterium »Lichtschranke« berechnet. Die Korrelation der drei Stopper untereinander betrug r=.99, die durchschnittliche Korrelation mit dem Kriterium »Lichtschranke« war r=.99 (vgl. Dietrich, 2008).

Daraus folgen für die Durchführung und Auswertung des 20m-Sprint folgende Punkte:

1. Handstoppung ist hinreichend genau, die Stopper stimmen gut überein.
2. Schulungsmaßnahmen stabilisieren die Handstoppung.
3. Wenn Lichtschranken verwendet werden muss ein konstanter »Reaktionsfaktor« von 0,2 Sekunden abgezogen werden, um die Normentabellen verwenden zu können.

5.2 Reliabilität

Tab 5.2. *Reliabilität der Testaufgaben (vgl. Studie 1).*

Testaufgabe	Testzeitpunkt T1 X	T1 s	T2 X	T2 s	Test-Retest Reliabilität		Mittelwerts-vergleich t	p
Balancieren rückwärts	38,76	7,36	41,89	5,85	.52	+8,1 %	2,04	.005
Seitliches Hin- und Her	37,75	7,70	40,82	6,27	.89	+8,1 %	-5,75	.000
20m-Sprint (sec)	4,26	,40	4,27	,31	.90	+0,2 %	1,73	-.091
Rumpfbeuge (cm)	-0,36	7,00	1,57	7,25	.94	*	-3,69	.001
Liegestütz	15,92	4,38	17,49	4,43	.69	+9,8 %	-2,74	.009
Sit-ups	18,35	3,73	19,89	4,03	.78	+8,4 %	-2,56	.014
Standweitsprung (cm)	145,4	20,03	150,7	18,52	.89	+3,6 %	-1,73	.029
6-Min-Lauf (m)	1052	110	1085	111	.92	+3,1 %	-1,73	.000
Durchschnitt					.82	+6,3 %		

* Beim Rumpfbeugen kann wegen des fehlenden absoluten Nullpunktes keine prozentuale Differenz berechnet werden. Die Verbesserung um 1,93 cm ist zwar statistisch signifikant wird aber als nicht praktisch relevant eingestuft.

Die durchschnittliche Test-Retest-Reliabilität liegt bei 0,82 und zeigt eine insgesamt gute Testzuverlässigkeit. Die niedrigere Reliabilität beim Balancieren rückwärts zeigt, dass koordinative Fähigkeiten generell schwieriger messbar sind als konditionelle Fähigkeiten.

Die Mittelwertvergleiche zeigen, dass sich die Testergebnisse beim Retest um durchschnittlich 6,3 % verbessert haben. Alle Verbesserungen liegen unter 10 %. Mit Ausnahme des 20m-Sprints sind die Verbesserungen signifikant und deuten auf einen Lerneffekt bei der Testwiederholung hin. Die Einzelbetrachtungen zeigen, dass typisch konditionelle Tests (20m-Lauf, Standweitsprung, 6-Min-Lauf) weniger Übungseffekte aufweisen als Testaufgaben mit hohen koordinativen Anteilen (Balancieren, Liegestütz in der hier vorgeschlagenen Testvariante, seitliches Hin- und Herspringen).

Aus diesen Ergebnissen folgt, dass die Reliabilität insgesamt zufriedenstellend ist. Um die Reliabilität zu sichern, muss auf die Testinstruktion ein hoher Wert gelegt werden. Die Durchführungsanleitungen sind exakt einzuhalten.

Tab. 5.3. *Reliabilität der Testaufgaben (vgl. Studie 2 und Literaturrecherche).*

Testaufgabe	**Reliabilität**	**Referenz**
20m-Sprint	.73	Bös et al. (2001), Fetz & Kornexl (1978)
Balancieren rückwärts	.76	Oberger et al. (2006)
Seitliches Hin- und Herspringen	.96	Oberger et al. (2006)
Sit-ups	.88	Kolb (2000), Bös & Beck (1989)
Standweitsprung	.96	Oberger et al. (2006)
Liegestütz	.76	Oberger et al. (2006)
Rumpfbeuge (stand and reach)	.86	Oberger et al. (2006)
6-Min-Lauf	.87	Bös et al. (2001), Bös & Mechling (1983)

Die durchschnittliche Test-Retest-Reliabilität in Studie 2 und bei der Literaturrecherche liegt bei 0,85 und signalisiert eine gute Testzuverlässigkeit der einzelnen Testaufgaben.

5.3 Validität

Zur Überprüfung der Testvalidität wurden verschiedene Methoden herangezogen. Im Einzelnen werden Aspekte der inhaltlichen, konstruktbezogenen sowie kriterienbezogenen Validität ermittelt.

5.3.1 Inhaltliche Validität

Vorarbeiten

Im Zuge der Testentwicklungen des International Physical Performance Test Profile (IPPTP; Bös & Mechling, 1985) sowie des Physical Fitness Tests für die Bundeswehr (Bös & Beck, 1989) wurde eine Befragung von 40 ausgewählten Fitnessexperten in 25 europäischen Ländern zur Relevanz von Testinhalten und Testaufgaben in sportmotorischen Tests zur Erfassung der körperlichen Leistungsfähigkeit durchgeführt (Bös, 1992).

Dabei wurden Ausdauer, Kraft, Beweglichkeit, Koordination und Schnelligkeit als zentrale Inhaltsbereiche von sportmotorischen Tests identifiziert (Bös, 1992, S. 39).

Als international bewährte Testaufgaben wurden Ausdauerläufe (6 Minuten, 12 Minuten), Sprints (20m, Pendellauf 4 x 9m), Sprünge (Standweit, Standhoch), Liegestütz, Sit-ups und Rumpfbeugen genannt (Bös, 1992, S. 39).

Die Ergebnisse dieser internationalen Expertenbefragung wurden für weitere Testentwicklungen (AST, KTT, KATS-K, MoMo) sowie wie für die vorliegende Testbatterie genutzt.

Expertenurteile

Zentraler Bestandteil der Entwicklungsarbeit beim Deutschen Motorik-Test waren die Ermittlung von Expertenratings zur Aussagekraft und Durchführbarkeit der ausgewählten Testaufgaben.

In mehreren Befragungen wurden Experten um Einschätzungen zur Durchführbarkeit und Aussagekraft der Testaufgaben des DMT gebeten. Für die Aussagekraft streuen die Beurteilungen auf einer Notenskala (1-5) von 1,9 bis 2,1 mit einem Ausreißer (20m-Sprint = 3,0). Die durchschnittliche Beurteilung der Aussagekraft liegt bei 2,1. Die Durchführbarkeit wurde von 1,4 bis 2,0 beurteilt, wieder mit dem 20m-Sprint als Ausreißer (3,0). Das durchschnittliche Urteil liegt bei 1,8. Der schlechten Beurteilung des 20m-Sprints wurde Rechnung getragen durch Verbesserung der Instruktion (vgl. Kapitel 5.1).

Im Rahmen einer Lehrerfortbildung (N = 17), die von Prof. Dr. Georg Wydra (Universität des Saarlandes) im Saarland durchgeführt wurde, erhielten die Sportlehrer die Aufgabe die acht Testaufgaben des DMT nach acht Kriterien einzuschätzen. Vorausgegangen war eine Schulung mit praktischer Erprobung der Testaufgaben.

Tab. 5.4. *Beurteilung der Testaufgaben im Rahmen einer Lehrerfortbildung.*

	Testbeschreibung	Objektivität	Reliabilität	Validität	Nützlichkeit	Testökonomie	Praktikabilität	Normierbarkeit	Gesamtbewertung
20m-Sprint	1,25	1,29	1,29	1,14	1,43	1,38	1,13	1,50	1,31
Liegestütz	2,13	2,29	2,57	2,43	2,25	2,25	1,88	2,50	2,50
Sit-ups	1,75	2,14	2,14	2,17	1,88	2,00	1,88	2,00	2,00
Standweitsprung	1,50	1,57	1,43	1,33	1,38	1,38	1,25	1,50	1,44
Balancieren rückwärts	1,50	1,86	1,71	1,67	2,00	2,25	1,88	2,13	1,81
Seitliches Hin- und Herspringen	1,38	1,29	1,57	1,17	1,71	1,50	1,13	1,88	1,56
Rumpfbeuge	1,50	1,71	1,57	1,83	1,88	1,88	1,38	1,88	1,88
6-Min-Lauf	1,13	1,43	1,43	1,33	1,38	1,50	1,19	1,38	1,44
Gesamte Testbatterie	1,69	1,92	1,86	1,83	2,00	1,88	1,50	1,88	1,88

Die Gesamtbewertung der Sportlehrer über alle acht Kriterien liegt bei einer Note von 1,88. In den einzelnen Kriterien streuen die Beurteilungen von 1,5 bis 2,5. Aus teststatistischer Sicht können diese Expertenurteile als ‚gut' bezeichnet werden und belegen Testgüte und Praktikabilität des DMT.

5.3.2 Konstruktvalidität

Die Konstruktvalidität drückt aus, wie gut der Test die Eigenschaft oder Fähigkeit misst, die er messen soll (Bühner, 2006). D.h. die Konstruktvalidität ist die Korrelation zwischen dem Test und einer latenten Dimension (Fischer, 1974, S. 77).

Ein häufig gewähltes Verfahren zur Überprüfung der Konstruktvalidität ist die explorative Faktorenanalyse. Diese dient zur Hypothesengenerierung und gestattet keine explizite Modelltestung, da die Entscheidung über die Anzahl der Faktoren sowie deren Identifikation und Benennung viel Interpretationsspielraum belässt.

Eine weit bessere Methode stellen daher konfirmatorische Faktorenanalysen dar. Diese zwingen den Bearbeiter zu theoretischen Vorannahmen über die Anzahl und Benennung der

Dimensionen und liefern nachfolgend statistische Parameter zur Beurteilung der Güte des theoretisch postulierten Modells.

Anmerkung

Die Überlegungen, die zum vorliegenden Testprofil geführt haben, sind in den Kapiteln 2 und 3 und insbesondere in den Tabellen 2.1 und 3.1 dargelegt. Es wird unterstellt, dass es fünf motorische Fähigkeitsbereiche (Ausdauer, Kraft, Schnelligkeit, Koordination, Beweglichkeit) gibt, von denen die Schnelligkeit wegen ihrer Nähe zu Kraft und Koordination keine Eigenständigkeit besitzt und die Beweglichkeit weniger als Fähigkeit sondern vielmehr als Voraussetzung der passiven Systeme der Energieübertragung (muskulo-skeletales System) anzusehen ist.

Weiter wurde differenziert nach der Aufgabenstruktur und insgesamt acht Testaufgaben zur Abdeckung der »Aufgabentaxonomie« (vgl. Tab. 3.1) verwendet.

Es wurde angenommen, dass diese Aufgaben für sich betrachtet eine hohe Eigenständigkeit besitzen, bei einer Dimensionalitätsanalyse aber mit den theoretischen Ausgangsüberlegungen kompatibel sind.

Methodische Vorgehensweise bei der Konstruktvalidierung

Die Konstruktvalidierung erfolgt in zwei Schritten:

1. Mittels exploratischer Faktorenanalyse wird die Eigenständigkeit der Testaufgaben überprüft. Danach sollte bei vollständiger Varianzextraktion jedes Item nur auf einem Faktor laden.
2. Konfirmatorisch wurde ein fünf-faktorielles Modell mit den Dimensionen Ausdauer (6-Min-Lauf), Kraft (Liegestütz, Sit-ups, Standweitsprung, 20m-Lauf), Koordination unter Zeitdruck (Seitliches Hin und Herspringen), Koordination bei Präzisionsaufgaben (Balancieren rückwärts) und Beweglichkeit (Stand and Reach) überprüft.

Datenbasis

Zur Berechnung der Analysen wurden die Ergebnisse von 366 10-jährigen Jungen und Mädchen herangezogen, die den kompletten Test absolviert hatten.

Exploratorische Faktorenanalyse

Bei der Berechnung der exploratorischen Faktorenanalyse wurden mittels Hauptkomponentenanalyse acht Faktoren extrahiert (100 % der Varianz) und die Faktorenlösung mit der Methode »Varimax« rotiert. Da von einer Interkorrelation der Faktoren auszugehen ist, wurde ergänzend »schiefwinklig« (Promax) rotiert.

Tab. 5.5. *Varimax rotierte Faktorenmatrix.*

	Komponente							
Testitems	1	2	3	4	5	6	7	8
20m-Sprint	-,220	-,179	-,059	-,029	-,120	-,107	-,292	**-,897**
Balancieren rw	,069	,045	**,975**	,089	,126	,098	,077	,049
Seitliches Hin- und Her	,107	,087	,134	,079	**,956**	,151	,095	,103
Sit-ups	,106	**,957**	,047	,082	,087	,127	,130	,151
Standweit	,219	,150	,094	,062	,108	,089	**,903**	,285
Liegestütz	,092	,127	,104	,110	,150	**,957**	,078	,091
Rumpfbeuge	-,006	,075	,086	**,984**	,073	,101	,049	,024
6-Min-Lauf	**,940**	,110	,075	-,008	,111	,096	,197	,194

Extraktionsmethode: Hauptkomponentenanalyse.
Rotationsmethode: Varimax mit Kaiser-Normalisierung. Die Rotation ist in 6 Iterationen konvergiert.

Die varimax-rotierte Faktorenlösung zeigt eine sehr gute Einfachstruktur. Jedes Item lädt auf einem Faktor mit einer Ladung >0.89 und weist auf allen anderen Faktoren lediglich unbedeutende Restladungen auf. Lediglich der Standweitsprung lädt mit 0.29 (»theoriekonform«) auf dem gleichen Faktor wie der 20m-Lauf.

Die Korrelation der Faktoren wird bei der schiefwinkligen Rotation (Promax mit Kaiser Normalisierung) besser berücksichtigt.

Tab. 5.6. *Promax rotierte Faktorenmatrix und Komponentenmatrix.*

	Komponente							
Testitems	1	2	3	4	5	6	7	8
20m-Sprint	-,483	-,396	-,176	-,100	-,299	-,276	-,617	**-1,000**
Balancieren rw	,190	,145	**1,000**	,199	,297	,246	,225	,174
Seitliches Hin- und Her	,278	,238	,297	,187	**1,000**	,347	,284	,298
Sit-ups	,283	**1,000**	,145	,185	,238	,304	,355	,394
Standweit	,480	,356	,226	,147	,285	,253	**1,000**	,616
Liegestütz	,247	,304	,247	,239	,347	**1,000**	,251	,275
Rumpfbeuge	,032	,185	,199	**1,000**	,187	,239	,147	,099
6-Min-Lauf	**1,000**	,284	,190	,033	,278	,248	,478	,482

Extraktionsmethode: Hauptkomponentenanalyse. Rotationsmethode: Promax mit Kaiser-Normalisierung.

Die Ladungsmatrix und noch besser die Komponentenkorrelationsmatrix zeigen, dass die Items und damit auch die extrahierten Komponenten (Faktoren, Dimensionen) interkorreliert sind. Dies gilt vor allem für die typischen Fitnesskomponenten (Ausdauer, Schnellkraft, Kraftausdauer) oder bei anderer Betrachtung für die Lokomotionsaufgaben (Laufen, Springen).

Es bestätigen sich damit die Überlegungen zur Testkonstruktion, dass neben der Fähigkeitsdimension auch immer die Art der muskulären Anforderung bzw. die Art der Tätigkeit zu berücksichtigen ist. So laden beispielsweise 20m-Lauf und 6-Minuten-Lauf (Läufe) gemeinsam auf mehreren Komponenten. Die Gemeinsamkeit beider Aufgaben resultiert aus der Art der Tätigkeit (Lokomotionsbewegung) und nicht aus der gemeinsamen Fähigkeit.

Es wurden auch exploratorische Analysen mit reduzierter Faktorenanzahl berechnet. Da eine präzise Entscheidung über die Anzahl und Benennung der Faktoren aber viel Interpretationsspielraum belässt, wurde das oben postulierte Fähigkeitsmodell konfirmatorisch getestet.

Konfirmatorische Faktorenanalyse

Die Systematisierung von Fähigkeiten der motorischen Leistungsfähigkeit nach Bös (1987, S. 94) wurde mittels konfirmatorischer Faktorenanalyse (AMOS 6.0) geprüft. Die Datenbasis stellen 10-jährige Jungen und Mädchen (N = 366) dar. Angelehnt an die Systematisierung nach Bös (1987) wurde für die erfassten motorischen Testaufgaben ein Ausgangsmodell mit fünf die Motorik beschreibenden Konstrukten angenommen (Ausdauer, Kraft, Koordination unter Zeitdruck, Koordination bei Präzisionsaufgaben und Beweglichkeit). Ausdauer, Koordination unter Zeitdruck und Beweglichkeit sind dabei jeweils durch ein Item repräsentiert, Kraft durch vier Items (Liegestütz, Sit-ups, Standweitsprung und Sprint). Bei den Sit-ups und den Liegestützen wird weiter die Kraftausdauer als zugrunde liegende Fähigkeit vermutet. Die Werte wurden z-transformiert und das Geschlecht wurde als Kovariate berücksichtigt, da die motorische Leistungsfähigkeit stark geschlechtsabhängig ist. Die Abbildung 5.1 zeigt die Ergebnisse der Modellüberprüfung.

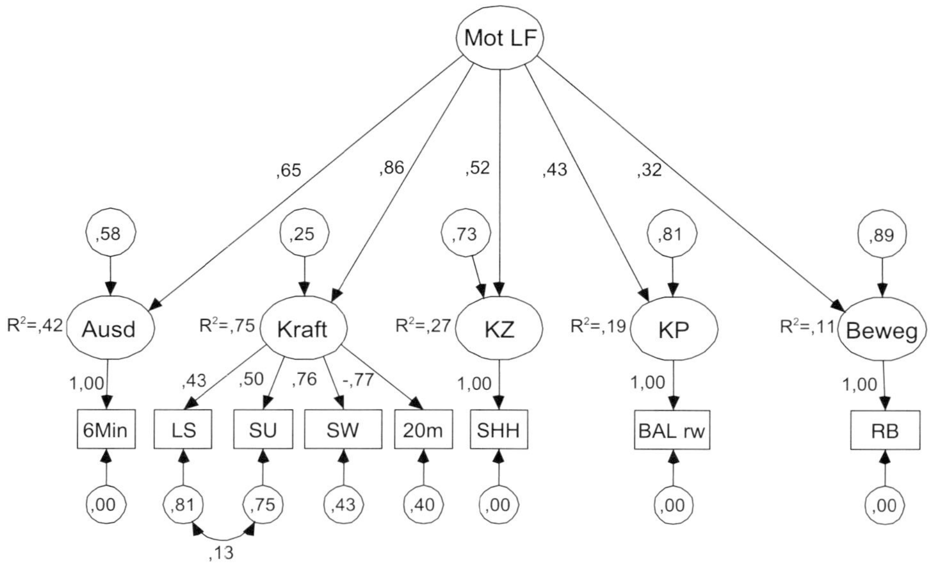

Abb. 5.1. Standardisierte Lösung des Motorik-Modells.
Abkürzungen: 6Min = 6-Minuten-Lauf, LS = Liegestütz, SU = Sit-ups, SW = Standweitsprung, 20m = 20 Meter Sprint, SHH = seitliches Hin- und Herspringen, BAL rw = Rückwärtsbalancieren, RB = Rumpfbeuge, Ausd = Ausdauer, Kraft = Kraft, KZ = Koordination unter Zeitdruck, KP = Koordination bei Präzisionsaufgaben, Beweg = Beweglichkeit, Mot LF = Motorische Leistungsfähigkeit.

Das Modell mit motorischer Leistungsfähigkeit als Faktor zweiter Ordnung weist insgesamt einen akzeptablen Modell-Fit auf (x^2 [18] = 39.702, korrigierter p-Wert = .01, SRMR = .045, RMSEA = .058 (90 % Konfidenzintervall: .033 – .082), CFI = .96)

Die Kraft, Ausdauer, Koordination unter Zeitdruck, Koordination bei Präzisionsaufgaben und Beweglichkeit werden durch die motorische Leistungsfähigkeit in dieser Reihenfolge hinsichtlich ihrer Ladungen beschrieben ($p \leq .001$). Es sei angemerkt, dass bzgl. der Ladungshöhe bei der Kraft vier (im Vergleich zu einer) gemessene motorische Einzelfähigkeiten mit einfließen.

Die vermutete Korrelation zwischen Liegestütz und Sit-ups als Kraftausdauer ist gering ($p=.03$). Die Varianzaufklärung ist bei der Kraft sehr hoch, liegt aber sonst eher im mittleren bis niedrigen Bereich für die fünf Faktoren der motorischen Leistungsfähigkeit.

Insgesamt betrachtet bestätigen die Analysen zur konfirmatorischen Faktorenanalyse die Annahmen zur Dimensionalität der Motorik.

5.3.3 Kriteriumsvalidität

Zur Überprüfung der kriterienbezogenen Validität wurde bei 46 Kindern einer Grundschule das Ergebnis der einzelnen Testaufgaben mit den Kriterien Sportvereinszugehörigkeit und Lehrereinschätzung verglichen.

Testergebnis und Vereinszugehörigkeit

Tab. 5.7. *Sportvereinszugehörigkeit.*

	Mitglied Sportverein		Gesamt
	ja	nein	
männlich	20	7	27
weiblich	15	4	19
Gesamt	35	11	46

76% der Kinder sind Mitglied eines Sportvereins. Dabei zeigen sich keine geschlechts-spezifischen Unterschiede (CHI^2 =0,5 n.s.). 74% der Jungen und 79% der Mädchen sind im Sportverein.

Tab. 5.8. *Ergebnisse nach Sportvereinszugehörigkeit.*

	Vereinsmitglieder			Nichtmitglieder			t-Test		Differenz
Testitems	N	$\bar{x}$	s	N	$\bar{x}$	s	t	p	(Z-Werte)
20m-Sprint	35	105,15	7,54	11	94,73	14,13	11,84	,037	10,42
Balancieren rw	34	108,03	8,29	11	107,48	10,27	0,18	,859	0,55
Seitlich Hin und Her	35	120,04	8,99	11	111,09	15,83	1,78	,099	8,95
Sit-ups	34	94,40	5,39	11	90,03	8,65	1,99	,052	4,37
Standweitsprung	34	104,17	6,71	11	96,94	12,43	1,84	,090	7,23
Liegestütz	33	114,78	10,14	11	109,20	13,98	1,43	,159	5,58
Rumpfbeuge	35	100,61	8,98	11	100,39	11,31	0,07	,948	0,22
6-Min-Lauf	35	106,04	5,68	11	98,88	9,78	2,31	,039	7,16
Durchschnitt	35	106,34	3,98	11	101,09	9,16	1,84	,092	5,25

Die Testpersonen, die einem Sportverein angehören, sind in jeder Testaufgabe besser als die Nicht-Sportvereinsmitglieder. Bei den Testaufgaben 20m-Sprint und 6-Min-Lauf ist der Unterschied signifikant. Im Durchschnitt beträgt der Unterschied zwischen Sportvereinsmitgliedern und Nichtmitgliedern 5,25 Z-Werte. Dies entspricht in etwa 0,5 Standardabweichungen, was als bedeutsamer Unterschied gelten kann. Der Z-Wert von 106 (Sportvereinsmitglieder) entspricht einem Prozentrang von 72 der Z-Wert 101 (Nichtmitglieder) entspricht einem Prozentrang von 52. Kinder, die Mitglied in einem Sportverein sind, sind deutlich leistungsfähiger als Nichtvereinsmitglieder.

Testergebnis und Lehrerurteil

Der Sportlehrer wurde um eine Einschätzung der motorischen Leistungsfähigkeit der Kinder gebeten. Tabelle 5.10 zeigt die Korrelation des Lehrerurteils mit den Testergebnissen. Das Lehrerurteil korreliert im Durchschnitt mit 0,69 mit den Testergebnissen.

Tab. 5.9. *Korrelation mit der Experteneinschätzung.*

Testaufgabe	m (N=29)	w (N=19)	Gesamt (N=48)
20m-Sprint	,74	,72	,73
Balancieren rw	,41	,04	,31
Seitliches Hin- und Herspringen	,60	,53	,57
Sit-ups	,45	,61	,51
Liegestütz	,01	,04	,01
Standweitsprung	,65	,61	,64
Rumpfbeuge	,22	,24	,23
6-Min-Lauf	,71	,50	,66
Gesamtergebnis (Summenscore)	,68	,71	,69

Eine differenzierte Betrachtung zeigt, dass das Lehrerurteil vor allem mit den typisch konditionellen Merkmalen korreliert (laufen, springen). Kinder, die schnell (20m-Sprint) und ausdauernd laufen (6-Min-Lauf) sowie weit (Standweit) und dynamisch (seitl. Hin und Her) springen, werden von den Sportlehrern als motorisch leistungsfähig eingeschätzt. Es fällt auf, dass Beweglichkeit, Kraftausdauer und Koordination bei Präzisionsaufgaben deutlich geringer mit dem Lehrerurteil korrelieren.

Testergebnis und Sportarten

In einer weiteren Studie wurde untersucht, ob und in welchen Tests sich Kinder aus verschiedenen Sportarten unterscheiden. Dazu wurden 29 Mädchen aus der Leichtathletik (durchschnittlich 10,9 Jahre), 12 Turnerinnen (durchschnittlich 7,9 Jahre) und 41 Rollschuhläuferinnen (durchschnittlich 11,1 Jahre) untersucht. Bei den Turnerinnen und den Leichtathletinnen handelte es sich um leistungsorientiert trainierende Vereinssportlerinnen, bei den Rollschuhläuferinnen hauptsächlich um Mitglieder des D/C-Kaders des deutschen Rollsport- und Inline-Verbandes.

Um die Ergebnisse unabhängig vom Alter vergleichbar zu machen, wurden die Testwerte mittels der Normwerttabellen in Z-Werte transformiert.

Tab. 5.10. *Vergleich der Testergebnisse in drei unterschiedlichen Sportarten.*

	Leichtathletik			Turnen			Rollschuhlaufen				
Testitems	N	$\bar{x}$	s	N	$\bar{x}$	s	N	$\bar{x}$	s	F	p
20m-Sprint	29	111,4	4,7	12	109,0	6,9	41	110,3	5,7	,88	,42
Balancieren rw	29	111,0	9,5	12	115,9	11,7	41	111,9	5,0	1,64	,20
Seitl. Hin und Her	29	120,4	7,0	12	116,9	5,6	41	119,0	7,4	1,04	,36
Sit-ups	29	99,9	6,6	12	110,1	3,2	41	101,9	6,4	12,13	,00
Standweitsprung	29	119,5	6,6	12	114,8	6,2	41	114,0	5,6	6,81	,00
Liegestütz	29	115,9	7,5	12	120,5	5,1	41	117,8	7,3	1,77	,18
Rumpfbeuge	29	101,0	9,2	12	115,4	8,2	41	115,4	9,3	20,45	,00
6-Min-Lauf	29	123,0	5,8	12	115,5	6,3	41	107,3	5,5	68,11	,00
Gesamt	29	112,8	7,1	12	113,7	6,6	41	112,2	6,5	3,65	,03

Im Gesamtwert zeigen sich geringe aber signifikante Mittelwertsunterschiede. Die Leichtathletinnen erreichen einen durchschnittlichen Z-Wert von 112,8, die Turnerinnen 113,7 und die Rollschuhläuferinnen 112,2 (F=3,65; p=0.03). Die Gruppenunterschiede liegen damit in einer Größenordnung von 1 %, was als unbedeutend einzuschätzen ist.

Es zeigt sich aber auch, dass alle drei Gruppen mit durchschnittlichen Z-Werten von 113 deutlich über den Durchschnittswerten altersgleicher Mädchen liegen.

Die differentielle Betrachtung zeigt Gruppenunterschiede in vier der acht Testaufgaben. Die deutlichsten Mittelwertsunterschiede (F=68,11 p=0,00) zeigen sich beim 6-Min-Lauf. Die Leichtathletinnen sind hier im Normwertvergleich mit einem durchschnittlichen Z-Wert von 123 überragend, aber auch die Turnerinnen (Z=116) und die Rollschuhläuferinnen (Z=107) sind besser als der Durchschnitt.

Ebenfalls deutliche Gruppenunterschiede gibt es bei der Rumpfbeuge (F=20,45; p=0,00). Hier schneiden Turnerinnen (Z=115) und Rollschuhläuferinnen (Z=115) sehr gut ab, die Leichtathletinnen liegen gerade mal im Durchschnitt der altersgleichen Mädchen (Z=101).

Bei den Sit-ups (F=12,13; p=0,00) schneiden die Turnerinnen (Z=110) am besten ab. Hier sind Leichtathletinnen (Z=100) und Rollschuhläuferinnen (Z=102) nur durchschnittlich.

Signifikante Gruppenunterschiede gibt es auch im Standweitsprung (F=6,81; p=0,00). Hier sind wieder die Leichtathletinnen am besten (Z=120), aber auch Turnerinnen (Z=115) und Rollschuhläuferinnen (Z=114) liegen auf einem relativ zur Normstichprobe hohem Leistungsniveau.

Bei den anderen vier Tests (20m-Sprint, Balancieren rw, seitliches Hin und Her, Liegestütz) gibt es keine signifikanten Gruppenunterschiede. Die Sportlerinnen sind jedoch immer deutlich besser als die Durchschnittswerte der altersgleichen Mädchen.

6 Normierung der Testwerte

6.1 Methodische Vorbemerkungen

Bei der Normierung von Tests werden die gemessenen Werte in eine andere Skala transformiert. Dabei gibt es grundsätzlich zwei unterschiedliche Vorgehensweisen:

1. Die erhobenen Daten werden mit einem feststehenden Kriterium verglichen (Kriteriumsnorm).
2. Die erhobenen Daten werden mit Referenzwerten verglichen (statistische Norm).

Eine Normierung wird benötigt, um einerseits Messwerte einordnen und andererseits vergleichen zu können.

Ohne eine Normierung von Messwerten sind Aussagen wie »die Testleistung ist gut« oder »die Leistung im Weitsprung ist relativ betrachtet besser als die Leistung im 100m Lauf« nicht möglich. Aus praxisorientierter Sicht sind daher Normwerte unverzichtbar.

6.2 Arten der Normierung

6.2.1 Kriterienbezogene Normen

Die *kriteriumsbezogene Normierung* basiert auf einem Vergleich mit einem festen Gütemaßstab.

Typische Beispiele findet man in der medizinischen Diagnostik, wenn ein gemessener Wert mit festgelegten Grenzwerten verglichen wird oder in der pädagogischen Diagnostik, wenn das erreichte Ergebnis mit einem definierten Lernziel verglichen wird.

6.2.2 Statistische Normen

Die *statistische Normierung* basiert auf einem Vergleich mit empirischen Daten. Datenbasis sollte dabei eine repräsentative Stichprobe sein, wobei Normierungen üblicherweise nach Alter und Geschlecht zusätzlich differenziert werden.

Bei der statistischen Normierung gibt es zwei typische Vorgehensweisen:

1. Orientierung an Mittelwert und Standardabweichung (Standardnormen)
2. Orientierung an den Stichprobenhäufigkeiten (Prozentrangnormen)

Standardnormen (z-Werte)

Bei der Standardnorm (z-Werte) werden die Messwerte mit Hilfe von Mittelwerten und Standardabweichungen nach folgender Formel[1] transformiert:

z = (individueller Wert – Mittelwert)/Standardabweichung

Die z-Skala hat den Mittelwert von 0 und die Standardabweichung von 1, die Werte streuen für 99 % im Messwertbereich von -3 bis +3.

1 Bei der Transformation in z-Werte nach dieser Formel muss man darauf achten, dass größere Messwerte auch einem besseren Ergebnis entsprechen. Wenn dies nicht der Fall ist (z.B. ist bei Zeitmessungen in der Regel der niedrigere Wert das bessere Ergebnis) muss man folgende Transformation anwenden: z = (Mittelwert – individueller Wert)/Standardabweichung

z (klein »z«) vs. Z (groß »Z«)

Um sich das Hantieren mit negativen Zahlenwerten zu ersparen, verwendet man Z-Werte (groß Z). Dies entspricht folgender Formel:

$Z = 100 + 10z$ oder

$Z = 100 + 10 \times$ (individueller Wert – Mittelwert) / Standardabweichung

Die Z-Werte (groß Z) haben den Vorteil, dass sie nur positive Ausprägungen haben. Der Mittelwert ist 100, die Standardabweichung 10 und 99 % der Messwerte streuen zwischen 70 und 130.

Standardisierung von nicht-normalverteilten Rohwerten (T-Transformation)

Voraussetzung für die Standardisierung der Rohwerte über die Z-Transformation ist eine Normalverteilung der Testwerte. Wenn die Rohwerte nicht normal verteilt sind, kann man die übliche z-Formel nicht anwenden. Eine Möglichkeit der Anpassung an die Normalverteilung ist die Flächentransformation (T-Wert-Normierung). Hierbei werden die Flächenstücke (Häufigkeiten der Messwerte) über eine Stauchung und Streckung der x-Achse (Messwerte) so angepasst, dass die Kurve einer Normalverteilung ähnlicher wird. Den Prozentbereichen werden dann im zweiten Schritt Z-Werte zugeordnet.

Prozentrangnormen

Die Prozentrangnormierung basiert auf der Häufigkeitsverteilung der Daten. Der Prozentrang 50 (Median) ist derjenige Wert oberhalb und unterhalb dessen gleich viele Messwerte liegen.

Bei der Prozentrangnormierung wird nicht die Messwertinformation (Intervallskaleneigenschaft) sondern nur die Häufigkeitsverteilung (Ordinalskaleneigenschaft) benötigt.

Insbesondere ist damit die Prozentrangnormierung auch bei nicht-normalverteilten Messwerten möglich. Diese Form der Normierung kommt vor allem dann zum Tragen, wenn in der Gesamtpopulation keine Normalverteilung erwartet wird.

6.3 Klasseneinteilung von Testwerten in fünf Leistungskategorien

Bei den Rohwerten, ebenso wie bei der nachfolgenden Transformation in Standardwerte (z, Z) oder in Prozentrangnormen erhält man eine sehr feine Abstufung, die man für praktische Zwecke meist in Leistungskategorien zusammenfasst.

Dieses Vorgehen »Bildung von Leistungsklassen« orientiert sich an der Vorstellung von Schulnoten, bei denen die bunte Vielfalt und Varianz von Schülerleistungen auch auf sechs Notenstufen (sehr gut – ungenügend) reduziert wird.

In der Messtheorie wird häufig diskutiert, ob eine gerade Anzahl von Leistungsklassen (2,4,6) oder eine ungerade Anzahl (3,5,7,9) günstiger ist. Zu beiden Vorgehensweisen gibt es Vor- und Nachteile auf deren Diskussion an dieser Stelle verzichtet wird. Im Folgenden wird eine Einteilung in fünf Leistungsklassen favorisiert.

Klasseneinteilung auf der Basis von Z-Werten

Auf der Basis von Z-Werten teilt man Leistungsklassen nach Abweichungen vom Mittelwert in Standardabweichungen ein. Jede Leistungsklasse ist damit gleich breit (metrisch betrachtet). Bei einer Einteilung in fünf Z-Wert Kategorien entspricht üblicherweise die mittlere Klasse den Testergebnissen die im Bereich von 0,5 Standardabweichungen oberhalb bzw. unterhalb des Mittelwertes liegen. Die Klassenbreite beträgt 1 Standardabweichung. Dies entspricht bei normalverteilten Testdaten 40 % der Stichprobe für die mittlere Leistungsklasse.

Tab. 6.1. *Klasseneinteilung (5 Leistungsklassen, LK 1-5) auf Basis von Z-Werten.*

Leistungsklassen	LK	Bereich von	bis
Leistungsklasse 1	LK 1	Minimum	RW = (MW – 1½ SD)
Leistungsklasse 2	LK 2	RW > (MW – 1½ SD)	RW = (MW – ½ SD)
Leistungsklasse 3	LK 3	RW > (MW – ½ SD)	RW = (MW + ½ SD)
Leistungsklasse 4	LK 4	RW > (MW + ½ SD)	RW = (MW + 1½ SD)
Leistungsklasse 5	LK 5	RW > (MW + 1½ SD)	Maximum

Klasseneinteilung auf der Basis von Prozenträngen

Auf der Basis von Prozenträngen gibt es Einteilungen in drei (Terzile), vier (Quartile) oder fünf Leistungsklassen (Quintile). In jeder Leistungsklasse sind dabei gleich viele Testpersonen. Üblich ist die Einteilung in fünf Leistungsklassen. In jeder Leistungsklasse liegen damit 20 % der Testwerte.

Tab. 6.2. *Klasseneinteilung (5 Leistungsklassen, Q 1-5) auf Basis von Prozenträngen.*

Quintile	Q	Bereich von	bis
Quintil 1	Q 1	Minimum	RW = PR 20
Quintil 2	Q 2	RW > PR 20	RW = PR 40
Quintil 3	Q 3	RW > PR 40	RW = PR 60
Quintil 4	Q 4	RW > PR 60	RW = PR 80
Quintil 5	Q 5	RW > PR 80	Maximum

Rohwerte, Z-Werte und Prozentränge sowie die verschiedenen Klassenbildungen lassen sich ineinander überführen.

In der Tabelle 6.3 lassen sich die Transformationen von Testrohwerten in Prozentränge und Standardwerte sowie der Vergleich und die Ineinanderführung von Quintilen und Z-Wert Kategorien ablesen.

6.4 Normierung des Deutschen Motorik-Tests

Wir präferieren für die weitere Vorgehensweise die Einteilung in fünf Leistungsabstufungen auf der Basis von Prozenträngen.

In jeder Leistungsklasse liegen damit 20 % der Versuchspersonen. Die Prozentränge 20, 40, 60, 80, die die Klassengrenzen markieren, haben aber unterschiedliche Abstände auf der Messwertskala, so dass die Intervallskaleneigenschaft nicht gewährleistet ist. Um auf Intervallskalenniveau weiterarbeiten zu können, werden diese Klassengrenzen in z-Werte transformiert.

Hinweis

Bei der Klasseneinteilung auf der Basis von Quintilen sind in jeder Leistungskategorie gleich viele Personen im Unterschied zur Klasseneinteilung auf der Basis von z-Werten, bei der die meisten Personen in der mittleren Kategorie sind und in den Randkategorien – analog zur Normalverteilungsannahme – entsprechend weniger. Beide Einteilungen haben spezifische Vor- und Nachteile. Der ad-hoc-Ausschuss der dvs hat sich für die Einteilung auf der Basis von Prozenträngen (Quintilen) entschieden.

Tab. 6.3. *Mustertabelle für Normwerte und Leistungsklassen.*
(Legende: Q = Quintile, PR = Prozentränge, z,Z = Standardwerte, LK = Leistungsklassen).

Q	PR	Rohwert	z	Z	LK
1	<0,5		**<-3,0**	**<70**	
	2,5		**-2,00**	**80,0**	
	4		-1,80	82,0	1
	6		-1,60	84,0	
	7		**-1,50**	**85,0**	
	8		-1,40	86,0	
	10		-1,30	87,0	
	12		-1,20	88,0	
	14		-1,10	89,0	
	16		-1,00	90,0	
	18		-0,90	91,0	2
	20		**-0,83**	**91,7**	
	22		-0,70	93,0	
	24		-0,65	93,5	
	26		-0,60	94,0	
	28		-0,55	94,5	
	30		**-0,50**	**95,0**	
2	32		-0,45	95,5	
	34		-0,40	96,0	
	36		-0,35	96,5	
	38		-0,30	97,0	
	40		**-0,25**	**97,5**	
	42		-0,20	98,0	
	44		-0,15	98,5	
	46		-0,10	99,0	
	48		-0,05	99,5	
	50		**0,00**	**100,0**	
3	52		0,05	100,5	3
	54		0,10	101,0	
	56		0,15	101,5	
	58		0,20	102,0	
	60		**0,25**	**102,5**	
	62		0,30	103,0	
	64		0,35	103,5	
	66		0,40	104,0	
	68		0,45	104,5	
	70		**0,50**	**105,0**	
4	72		0,55	105,5	
	74		0,60	106,0	
	76		0,65	106,5	
	78		0,70	107,0	
	80		**0,83**	**108,3**	
	82		0,90	109,0	4
	84		1,00	110,0	
	86		1,10	111,0	
	88		1,20	112,0	
	90		1,30	113,0	
5	92		1,40	114,0	
	93		**1,50**	**115,0**	
	94		1,60	116,0	
	96		1,80	118,0	5
	97,5		**2,00**	**120,0**	
	>99,5		**>3,0**	**>130**	

Die alters- und geschlechtsbezogenen Normwerttabellen finden Sie im Anhang ab Seite 88.

Entsprechung von Prozenträngen (PR) und Standardwerten (z, Z)

PR	**z**	**Z**
PR 20	-0,83	91,7
PR 40	-0,25	97,5
PR 60	0,25	102,5
PR 80	0,83	108,3

6.5 Exkurs: Vorgehensweise bei der Normierung des Deutschen Motorik-Tests

Methodische Vorüberlegung

Rohwerte lassen sich auf unterschiedliche Art und Weise normieren, je nachdem, welche Grundvoraussetzungen erfüllt werden.

Man unterscheidet in die drei Bereiche Verteilungsform der Rohwerte, Verlauf nach Alter für beide Geschlechter getrennt und die Variabilität oder Streuung der Rohwerte.

Verteilungsform der Rohwerte

Idealerweise sind die Rohwerte normalverteilt und lassen jede Form von Messwerttransformation, insbesondere die Umrechnung in Z-Werte, zu. In der Praxis ist dies allerdings nicht immer der Fall.

Beispiele:

- Zeitmessungen folgen meist keiner Normalverteilung, sondern sind in der Regel rechtsschief verteilt, d.h. der Abstand vom Mittelwert zum Minimum ist zumeist geringer als der Abstand vom Mittelwert zum Maximum. Ein Beispiel sind Sprints (20m-Lauf). Beim KATS-K sind beim 20m-Lauf allerdings alle Rohwerte innerhalb der Gruppen (age, sex) hinreichend gut normalverteilt.
- Rohwerte, die ein häufig vorkommendes »Minimum« haben (z.B. Tests bei denen 0 Fehler das bestmögliche Ergebnis ist) haben in der Regel eine zweigipflige Verteilung. Ein Beispiel ist der Einbeinstand, bei dem die Fehlerzahl erfasst wird.

Rohwertverlauf

Beim Verlauf der Rohwerte von Kindern und Jugendlichen beobachtet man eine Leistungssteigerung mit wachsendem Alter. Diese Zusammenhänge sind häufig linear. Das bedeutet, die Leistung steigert sich mit dem Alter jedes Jahr in gleicher Weise. Über den gesamten Entwicklungsverlauf von Kindheit bis Erwachsenenalter *(oder 4 bis 17 Jahre)* sind allerdings gleichbleibende Steigungen sehr unwahrscheinlich. Daher beobachtet man so genannte Leistungsknicke in den Kurven. Anfangs steigt die Leistung beispielsweise noch sehr schnell an, wobei sie im Jugendalter nur noch langsam voranschreitet oder nahezu stagniert.

Streuung der Rohwerte

Der dritte Bereich, die Streuung bzw. Variabilität der Rohwerte, weist unterschiedliche Formen auf. Man beobachtet gleichbleibende Streuungen über die gesamte Altersspanne, stetig wachsende oder fallende Streuungen mit dem Altersgang, konstante Variabilitäten oder auch stetig wachsende oder fallende Variabilitäten. *Da die Standardabweichung die Bereichsgrenzen definiert, ist es sehr wichtig, hier die beste mögliche Lösung zur Glättung zu finden, damit sich nicht Bereiche verschiedener Altersklassen unlogisch überschneiden.*

In der Praxis lassen sich verschiedene Typen von Rohwertverteilungen unterscheiden. Diese müssen bei der Normwertbildung unterschiedlich behandelt werden.

Nachfolgend ist beschrieben, wie sich die Testaufgaben verschiedenen Typen (Verteilungstypen) der drei oben genannten Bereiche zuordnen lassen. Ebenso werden die Arbeitsschritte zur Erstellung der Normwerte genannt und nachfolgend erklärt.

Stichprobengrundlage für die acht Testaufgaben

Hier ist zu unterscheiden zwischen den fünf MoMo Aufgaben (Liegestütz, Standweitsprung, Seitliches Hin- und Herspringen, Rückwärts Balancieren und Rumpfbeugen) sowie den drei Ergänzungsaufgaben 20m-Lauf, Sit-ups und 6-Minuten-Lauf.

Für die fünf MoMo Testaufgaben liegen auf der Basis von 4.529 männlichen und weiblichen Testpersonen im Alter von 4-17 Jahren deutschlandweite repräsentative Normwerte vor.

Für drei Ergänzungsaufgaben werden die Normwerte aus verschiedenen Stichproben gewonnen. Dabei wird erstens auf die Datenbank SpoDat von Beck und Bös (1995) in der sich Testdaten von rund 250.000 Probanden befinden zurückgegriffen. Zweitens werden die Ergebnisse der deutschlandweiten KATS-K Grundschulstudie, die 2001 in acht Bundesländern mit rund 1.500 Kindern durchgeführt wurde zurückgegriffen.

Für die MoMo basierten Normen liegt eine aktuelle und repräsentative Datenlage vor. Für die Ergänzungstests gelten die Einschränkungen, dass zum einen die Daten keinen Anspruch auf Repräsentativität erheben können und dass zum anderen die Daten – insbesondere die Datensätze aus SpoDat nicht dem Aktualitätsanspruch genügen.

Daher wurden folgende weiteren Analysen durchgeführt, um die Aussagekraft der Normentabellen zu verbessern. Erstens wurden Daten von Stemper (2008) zum Vergleich herangezogen, die in den Jahren 2003-2008 bei Vollerhebungen von Kindern der zweiten und der vierten Klasse in Düsseldorf gewonnen wurden. Es handelt sich dabei um sehr große Datensätze von ca. 18.000 Testpersonen. Zweitens wurden durch Literaturrecherchen in den Jahren 2002 (Bös, 2003) und 2007 (Wrobel, 2008) die SpoDat-Datensätze ergänzt.

Explizite Vorgehensweise zur Glättung der Rohwerte

20m-Lauf

NV[2] Die Rohwerte sind für die 6- bis 10-Jährigen in allen zehn einzelnen Zellen nach Alter und Geschlecht getrennt betrachtet normalverteilt. Die Voraussetzung für Standardnormen ist gegeben.

V Für die 6- bis 17-jährigen Jungen kann man eine gleichbleibende Steigerung der Leistung beim 20m-Lauf beobachten. Die Glättung der Werte erfolgt über eine lineare Regressionsgerade. Für die 6- bis 17-jährigen Mädchen beobachtet man einen Leistungsknick im Alter von 13 Jahren. Bis dahin ist eine lineare Annäherung der Werte möglich. Danach stagniert die Leistung und die Werte der Altersgruppen 13 bis 17 Jahre werden gemittelt.

S Die Streuung bei den Mädchen und Jungen nimmt in den beiden Altersbereichen 6 bis 8 Jahre und 9 bis 17 Jahre stetig zu, mit gleichbleibender Variabilität. Die geschätzte Streuung der Normwertbereiche wird über die gemittelte Variabilität in den genannten Altersbereichen berechnet.

Zusammenfassung der Arbeitsschritte:
Berechnung von Standardnormen mittels linearer Regression und geschätzten Standardabweichungen über gemittelte Variabilitäten in den einzelnen Altersbereichen. Bei den Mädchen werden die Mittelwerte ab einem Alter von 13 Jahren gemittelt, da eine Leistungsstagnation beobachtet wird.

Balancieren rückwärts

NV Die Rohwerte sind für die 4- bis 17-Jährigen in 22 von 28 einzelnen Zellen nach Alter und Geschlecht getrennt betrachtet normalverteilt. In 3 von 6 Fällen liegt dies vor allem an einem höheren Exzess-Wert, was bedeutet, dass die Kurve steiler oder flacher als die Normalverteilung ist. In drei Fällen wird die Abweichung hauptsächlich durch die Schiefe erklärt. Die Voraussetzung für Standardnormen kann angenommen werden, da man trotz der Abweichungen eine Normalverteilung in der Grundgesamtheit erwartet.

V Für die 4- bis 17-Jährigen beobachtet man bei den Jungen und den Mädchen zwei Leistungsknicke im Alter von 8 und 11 Jahren. Die geschätzten Mittelwerte in den drei Altersbereichen 4 bis 8, 8 bis 11 und 11 bis 17 Jahre können hinreichend gut mittels linearer Regression angenähert werden.

2 NV = Normalverteilung; V = Rohwertverlauf; S = Streuung der Rohwerte

S Die Streuung ist über die Altersspanne 5 bis 17 Jahre gleichbleibend. Lediglich die 4-Jährigen weisen eine signifikant kleinere Streuung auf. Daher erfolgt die Glättung über den Mittelwert der Streuung im Alter von 5 bis 17 Jahren.

Zusammenfassung der Arbeitsschritte:
Berechnung von Standardnormen mittels linearer Regression für die drei Altersbereiche 4 bis 8, 8 bis 11 und 11 bis 17 Jahre getrennt. Die geschätzten Streuungen werden für die 5- bis 17-Jährigen gemittelt. Für die 4-Jährigen wird der Originalwert verwendet.

Seitliches Hin- und Herspringen

NV Die Rohwerte sind für die 4- bis 17-Jährigen in 24 von 28 einzelnen Zellen nach Alter und Geschlecht getrennt betrachtet normalverteilt. In drei von vier Fällen liegt dies vor allem an einem höheren Exzess-Wert, was bedeutet, dass die Kurve steiler oder flacher als die Normalverteilung ist. In einem Fall wird die Abweichung hauptsächlich durch die Schiefe erklärt. Die Voraussetzung für Standardnormen kann angenommen werden, da man trotz der Abweichungen eine Normalverteilung in der Grundgesamtheit erwartet.

V Für die 4- bis 17-Jährigen beobachtet man bei den Jungen und den Mädchen einen Leistungsknick im Alter von 11 Jahren. Die geschätzten Mittelwerte in den beiden Altersbereichen 4 bis 11 und 11 bis 17 Jahre können hinreichend gut mittels linearer Regression angenähert werden.

S Die Streuung zeigt in drei Altersbereichen konstante Variabilitäten. Für 4- bis 5-, 6- bis 10- und 11- bis 17-Jährigen werden die mittleren Variabilitäten als Basis der geschätzten Standardabweichungen berechnet.

Zusammenfassung der Arbeitsschritte:
Berechnung von Standardnormen mittels linearer Regression für die beiden Altersbereiche 4 bis 11 und 11 bis 17 Jahre getrennt. Die geschätzten Streuungen werden über gemittelte Variabilitäten in den drei Altersbereichen 4 bis 5, 6 bis 10 und 11 bis 17 Jahre berechnet.

Sit-ups

NV Die Rohwerte sind für die 6- bis 10-Jährigen in fünf von zehn einzelnen Zellen nach Alter und Geschlecht getrennt betrachtet normalverteilt. In drei von fünf Fällen liegt dies vor allem an einem höheren Exzess-Wert, was bedeutet, dass die Kurve steiler oder flacher als die Normalverteilung ist. In zwei Fällen wird die Abweichung hauptsächlich durch die Schiefe erklärt. Die Voraussetzung für Standardnormen kann angenommen werden, da man trotz der Abweichungen eine Normalverteilung in der Grundgesamtheit erwartet.

V Für die 6- bis 17-Jährigen beobachtet man bei den Jungen und den Mädchen einen Leistungsknick im Alter von 12 Jahren. Die geschätzten Mittelwerte in den beiden Altersbereichen können hinreichend gut mittels linearer Regression angenähert werden.

S Die Streuung ist altersabhängig und nimmt stetig ab. Die Glättung erfolgt über die Berechnung einer linearen Regressionsgeraden für beide Geschlechter zusammen.

Zusammenfassung der Arbeitsschritte:
Berechnung von Standardnormen mittels linearer Regression für die beiden Altersbereiche 6 bis 12 und 12 bis 17 Jahre getrennt. Die geschätzten Streuungen werden für die gesamte Stichprobe im gesamten Altersbereich über lineare Regression berechnet.

Standweitsprung

NV Die Rohwerte sind für die 4- bis 17-Jährigen in allen 28 einzelnen Zellen nach Alter und Geschlecht getrennt betrachtet normalverteilt. Die Voraussetzung für Standardnormen ist gegeben.

V Für die 4- bis 17-jährigen Jungen kann man eine gleichbleibende Steigerung der Leistung beim Standweitsprung beobachten. Die Glättung der Werte erfolgt über eine lineare Regressionsgerade. Für die 4- bis 17-jährigen Mädchen beobachtet man einen Leistungsknick im Alter von 12 Jahren. Bis dahin ist eine lineare Annäherung der Werte möglich. Danach stagniert die Leistung und die Werte der Altersgruppen 12 bis 17 Jahre werden gemittelt.

S Die Streuung bei den Mädchen nimmt stetig zu, mit gleichbleibender Variabilität. Für die Jungen kann man im Alter von 4 bis 10 Jahren und 11 bis 17 Jahren konstante Variabilitäten annehmen. Die geschätzte Streuung der Normwertbereiche wird über die gemittelte Variabilität in den genannten Altersbereichen berechnet.

Zusammenfassung der Arbeitsschritte:
Berechnung von Standardnormen mittels linearer Regression und geschätzten Standardabweichnungen über gemittelte Variabilitäten in den einzelnen Altersbereichen. Bei den Mädchen werden die Mittelwerte ab einem Alter von 12 Jahren gemittelt, da eine Leistungsstagnation beobachtet wird.

Liegestütz

NV Die Rohwerte sind für die 6- bis 17-Jährigen in 13 von 24 einzelnen Zellen nach Alter und Geschlecht getrennt betrachtet normalverteilt. In zehn von elf Fällen liegt dies an einem höheren Exzess-Wert, was bedeutet, dass die Kurve steiler oder flacher als die Normalverteilung ist. Nur in einem Fall wird die Abweichung allein durch die Schiefe erklärt. Die Voraussetzung für Standardnormen ist daher gegeben.

V Für die 6- bis 17-jährigen Jungen kann man eine gleichbleibende Steigerung der Leistung beim Liegestütz beobachten. Die Glättung der Werte erfolgt über eine lineare Regressionsgerade. Für die 6- bis 17-jährigen Mädchen beobachtet man einen Leistungsknick im Alter von 12 Jahren. Bis dahin ist eine lineare Annäherung der Werte möglich. Danach stagniert die Leistung und die Werte der Altersgruppen 12 bis 17 Jahre werden gemittelt.

S Die Streuung folgt keinem einheitlichen Trend und ist nicht altersabhängig. Die Werte werden daher gemittelt.

Zusammenfassung der Arbeitsschritte:
Berechnung von Standardnormen mittels linearer Regression und geschätzten Standardabweichnungen über gemittelte Standardabweichungen der Rohwerte. Bei den Mädchen werden die Mittelwerte ab einem Alter von 12 Jahren gemittelt, da eine Leistungsstagnation zu beobachten ist.

Rumpfbeugen

NV Die Rohwerte sind für die 4- bis 17-Jährigen in 22 von 28 einzelnen Zellen nach Alter und Geschlecht getrennt betrachtet normalverteilt. In zwei von sechs Fällen (bei den 4-Jährigen) liegt dies vor allem an einem höheren Exzess-Wert, was bedeutet, dass die Kurve steiler oder flacher als die Normalverteilung ist. In den vier anderen Fällen (9- bis 12-jährige Mädchen) wird die Abweichung hauptsächlich durch die Schiefe erklärt. Die Voraussetzung für Standardnormen kann angenommen werden, da man trotz der Abweichungen eine Normalverteilung in der Grundgesamtheit erwartet.

V Bei den Rumpfbeugen ist für Jungen und Mädchen keine Altersabhängigkeit zu erkennen. Die Rohwerte folgen keinem eindeutigen Trend. Daher werden die geschätzten Standardwerte über den Mittelwert der gesamten Altersgruppe für die Geschlechter getrennt berechnet.

S Die Streuung steigt stetig über die gesamte Altersspanne von 4 bis 17 Jahren an. Die geschätzten Streuungen werden über lineare Regressionsgeraden ermittelt.

Zusammenfassung der Arbeitsschritte:
Berechnung von Standardnormen über den Gesamtmittelwert nach Geschlecht getrennt. Die Streuungen werden mittels linearer Regression berechnet.

6-Min-Lauf

NV Die Rohwerte sind für die 6- bis 10-Jährigen in allen zehn einzelnen Zellen nach Alter und Geschlecht getrennt betrachtet normalverteilt. Die Voraussetzung für Standardnormen ist gegeben.

V Für die 6- bis 17-jährigen Jungen kann man eine gleichbleibende Steigerung der Leistung beim 6-Minuten-Lauf beobachten. Die Glättung der Werte erfolgt über eine lineare Regressionsgerade. Für die 6- bis 17-jährigen Mädchen beobachtet man einen Leistungsknick im Alter von 12 Jahren. Bis dahin ist eine lineare Annäherung der Werte möglich. Danach stagniert die Leistung und die Werte der Altersgruppen 12 bis 17 Jahre werden gemittelt.

S Die Streuung nimmt stetig zu, mit gleichbleibender Variabilität. Die geschätzte Streuung der Normwertbereiche wird über die gemittelte Variabilität berechnet.

Zusammenfassung der Arbeitsschritte:
Berechnung von Standardnormen mittels linearer Regression und geschätzten Standardabweichnungen über gemittelte Variabilitäten. Bei den Mädchen werden die Mittelwerte ab einem Alter von 12 Jahren gemittelt, da eine Leistungsstagnation beobachtet wird.

7 Testauswertung

Für die Testauswertung werden drei Möglichkeiten erläutert. Erstens die Interpretation der Einzeltests, zweitens die Bildung eines Gesamtwerts und drittens die Profilauswertung des Deutschen Motorik-Tests.

7.1 Interpretation der Ergebnisse in den Einzeltests

Zu jedem Ergebnis in den Einzeltests lassen sich mit Hilfe der Normentabellen (s. Anhang) Z-Werte, Prozentränge sowie Leistungsklassen und Quintile bestimmen (vgl. dazu Kapitel 6.3).

Beispiel:

Ein 10-jähriger Schüler hat beim Standweitsprung eine Sprungweite von 153 cm erreicht.

Tab. 7.1. *Auszug aus der Normentabelle für 10-jährige Jungen.*

Q	PR	20m	BAL	SHH	SU	SW	LS	RB	6-Min	z	Z	LK
	...	...	...	...	...	...	...	...	...	...	...	
	44	4,36	18	14,0	23	141	8	-3,0	1007	-0,15	98,5	
	46	4,32	18	14,0	23	143	8	-2,7	1022	-0,10	99,0	
	48	4,32	18	14,0	23	143	8	-2,4	1022	-0,05	99,5	
	50	**4,29**	**19**	**14,5**	**24**	**146**	**8**	**-2,1**	**1036**	**0,00**	**100,0**	
3	52	4,26	19	14,5	25	148	8	-1,8	1050	0,05	100,5	
	54	4,26	20	15,0	25	148	9	-1,5	1050	0,10	101,0	
	56	4,22	20	15,0	25	150	9	-1,2	1065	0,15	101,5	
	58	4,22	21	15,5	25	150	9	-0,9	1065	0,20	102,0	
	60	**4,21**	**21**	**15,5**	**26**	**151**	**9**	**-0,6**	**1072**	**0,25**	**102,5**	
	62	4,19	22	16,0	27	153	10	-0,3	1079	0,30	103,0	
	64	4,15	22	16,0	27	155	10	0,0	1094	0,35	103,5	

Dieses Ergebnis von 153 cm für einen 10-jährigen Jungen entspricht einem Prozentrang von 62; d.h. 37 % erzielen bessere und 61 % der altersgleichen Jungen erzielen schlechtere Testergebnisse.

In z-Werten ausgedrückt entspricht die Sprungweite von 153 cm einem z-Wert von 0,30, d.h. das Testergebnis ist um 0,3 Standardabweichungen besser als der Mittelwert. In Z-Werten (‚groß Z') entspricht das Ergebnis dem Wert Z =103.

Klassifikation des Testergebnisses

Bei der Klassifikation des Testergebnisses auf Prozentrangbasis fällt die Sprungweite von 153 cm in das Quintil 4. Die Leistung entspricht einem Prozentrang von 60 bis 80 und kann damit als überdurchschnittlich bezeichnet werden.

Die Bildung von Leistungsklassen auf z-Basis klassifiziert die Sprungweite von 153 cm in LK 3, was einem durchschnittlichen Ergebnis entspricht.

Anmerkung

Um keine Missverständnisse zu produzieren, muss jeweils erläutert werden, auf welcher Basis die Einordnung (Normwertbasis) und Bewertung (Klassifikationsgrundlage) des Testergebnisses erfolgt. Das Beispiel zeigt, dass in Abhängigkeit von der verwendeten Klassifikation (PR oder Z) das gleiche Testergebnis in eine unterschiedliche Leistungskategorie fällt.

Wir präferieren hier die Einteilung in Quintile. Damit ist eine Gleichverteilung in den fünf Leistungkategorien (jeweils 20% der Stichprobe) gewährleistet.

7.2 Bildung eines Gesamtwertes und Interpretation in drei Schritten

Die Bildung eines Gesamtwerts ist strenggenommen nicht zulässig, da die einzelnen Testaufgaben unterschiedliche motorische Fähigkeiten erfassen. Die Bildung eines Gesamtwertes kann deshalb nur eine erste Orientierung sein, um ein globales Maß für die allgemeine motorische Leistungsfähigkeit zu erhalten.

1. Bestimmung der alters- und geschlechtsbezogenen Z-Werte für alle acht Testaufgaben mit Hilfe der Normentabellen (s. Anhang). Tragen Sie diese Z-Werte in den Auswertungsbogen (s. Anhang) ein.
2. Addition aller sieben Z-Werte und Division des Ergebnisses durch 7[3]. Die Beweglichkeit wird bei der Gesamtwertbildung nicht berücksichtigt, weil es sich dabei um keine motorische Fähigkeit handelt. Das Testergebnis bei der Aufgabe »Rumpfbeugen« dient jedoch immer als ergänzende Interpretation.
3. Bewertung des Testergebnisses (analog der Klassifikation in Kap 6.3) für alle Testaufgaben.

Tab. 7.2. *Z-Wert Bereiche für die Einteilung in Quintile.*

Z-Wert Bereich	Quintil	Bewertung
$\leq$ 91,67	Q1	weit unterdurchschnittlich
93 bis $\leq$ 97,5	Q2	unterdurchschnittlich
98 bis $\leq$ 102,5	Q3	durchschnittlich
103 bis $\leq$ 108,33	Q4	überdurchschnittlich
$>$ 108,33	Q5	weit überdurchschnittlich

Beispiel zur Bildung des Gesamtwertes

Tab. 7.3. *Gesamtwert eines 8-jährigen Jungen.*

Testaufgabe	Rohwert	Z-Wert	PR	Q
6-Min-Lauf	1113 m	105	70	4
20m-Sprint	4,12 sec	109	82	5
Sit-ups	23	104	66	4
Liegestütz	16	116	94	5
Standweitsprung	158 cm	115	93	5
Balancieren rw	20	93	24	2
Seitlich Hin und Her	21	101	52	3
Rumpfbeuge	-9,2 cm	89	14	1

Summe der Z-Werte (ohne Rumpfbeuge): 105+109+104+116+115+93+101=743

Durchschnitt 743/7= 106,1

Bewertung nach Quintilen (vgl. Tab 7.2) 106,1 = Q4 = überdurchschnittlich

Kommentar:
Der 8-jährige Junge hat insgesamt ein überdurchschnittliches Ergebnis erzielt.

3 Falls eine Testperson nicht alle Testaufgaben absolviert hat, wird entsprechend durch die Anzahl der durchgeführten Aufgaben dividiert.

7.3 Profilauswertung des Deutschen Motorik-Tests in vier Schritten

1. Z-Wert Bildung für die Einzeltests

Lesen Sie für die acht Testaufgaben mit Hilfe der Normentabellen (s. Anhang) die alters- und geschlechtsspezifischen Z-Werte ab und tragen Sie diese in den Auswertungsbogen ein (s. Anhang).

2. Dimensionsergebnisse

Die Auswertung erfolgt nach den Dimensionen Ausdauer (6-Minuten-Lauf), Kraft (20m-Sprint, Standweitsprung, Liegestütz, Sit-ups), Koordination unter Zeitdruck (Seitliches Hin und Her) und Koordination bei Präzisionsaufgaben (Balancieren rückwärts). Bei der Bildung der Dimensionswerte für die Kraft werden die Z-Werte analog zur Gesamtwertbildung (vgl. 7.2) für die vier Aufgaben addiert und wieder durch 4 dividiert und gerundet.

Die Klassifikation der Testergebnisse erfolgt analog den Tabellen 7.1 und 7.2 in fünf Leistungskategorien (= Quintile).

3. Erstellung eines Testprofils für die fünf Dimensionen

Tragen Sie nun die Dimensionsergebnisse in den Auswertungsbogen ein (siehe Abbildung 7.1 bis 7.4). Den Auswertungsbogen finden Sie im Anhang.

4. Klassifikation des Testprofils

Für eine Klassifikation des Testprofils wird nun eine formale Zuordnung vorgenommen. Dabei werden vier Typen von Testprofilen unterschieden:

A Alle Dimensionsergebnisse sind durchschnittlich oder besser

B Alle Dimensionsergebnisse sind durchschnittlich

C Alle Dimensionsergebnisse sind durchschnittlich oder schlechter

D Die Dimensionsergebnisse streuen von überdurchschnittlich bis unterdurchschnittlich

Abschließend werden die vier Testprofile differenziert interpretiert (vgl. Kapitel 7.4).

Anmerkung zur Dimension Kraft

Die Dimension Kraft setzt sich aus vier Testaufgaben (20m-Sprint, Sit-ups, Liegestütz, Standweitsprung) zusammen. Die dimensionsanalytische Betrachtung (vgl. 5.1) hat gezeigt, dass sich diese vier Testaufgaben zu einem Faktor (=Kraft) zusammenfassen lassen.

Kritisch lässt sich einwenden, dass eine so verstandene Dimension ein komplexes Konstrukt ist.

Für eine differenzierte Auswertung bietet sich die Möglichkeit, aus den vier Testaufgaben ein Profil für die Kraft zu erstellen und aufgabenspezifisch zu interpretieren.

Beispiel einer Profilauswertung der Testergebnisse

1. *Z-Wert Bildung für die Einzeltests*

Die Testergebnisse für den 8-jährigen Jungen sowie Z-Werte und Prozentränge (Quintile) sind in Tabelle 7.3 dargestellt.

2. *Dimensionsergebnisse*

Die Dimensionen Ausdauer (6-Min-Lauf), Koordination unter Zeitdruck (seitlich Hin und Her) sowie Beweglichkeit (Rumpfbeuge) sind durch jeweils eine Testaufgabe repräsentiert. Das Dimensionsergebnis kann direkt in das Profil eingetragen werden.

Für die Kraftfähigkeit liegen vier Testergebnisse vor (20m-Sprint, Sit-ups, Liegestütz, Standweitsprung). Als Dimensionsergebnis wird das arithmetische Mittel aus den vier Z-Werten gebildet und mit Hilfe von Tabelle 7.2 das zugehörige Quintil bestimmt.

Tab. 7.4. *Beispiel für das Dimensionsergebnis der Kraft.*

Aufgabe	Z-Wert
20m-Sprint	109
Sit-ups	116
Liegestütz	104
Standweitsprung	115
Mittelwert	111
Quintil	5

3. *Erstellung des Testprofils*

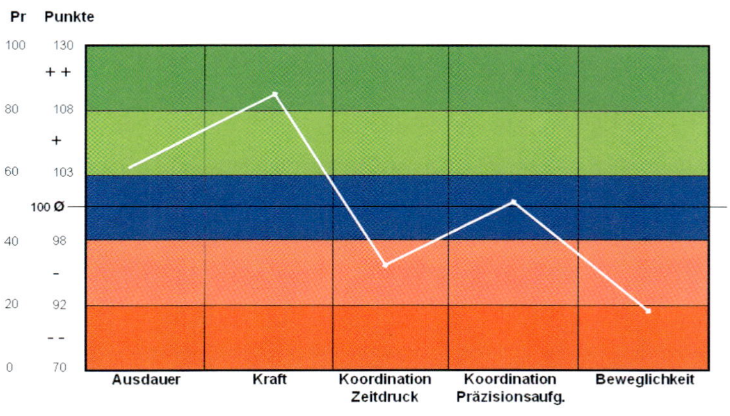

Abb. 7.1. Beispiel für das Testprofil.

4. *Klassifikation des Testprofils*

Der 8-jährige Junge weist das Testprofil D auf. Die Testergebnisse streuen von weit überdurchschnittlich bis weit unterdurchschnittlich.

Bei dem Jungen handelt es sich um einen »Konditionstyp« mit ausgeprägten Stärken in Kraft (++) und Ausdauer (+). In der Koordination unter Zeitdruck ist er durchschnittlich (0). In der Koordination bei Präzisionsaufgaben (-) sowie insbesondere in der Beweglichkeit (--) weist der Junge ausgeprägte Schwächen auf.

7.4 Interpretation der Testprofile

Vorbemerkung

Die Profile A, B und C sind homogene Leistungsprofile. A sind die leistungsstarken, B die durchschnittlichen und C die eher leistungsschwachen Testpersonen. Testpersonen mit dem heterogenen Leistungsprofil D weisen sowohl Stärken als auch Schwächen auf.

Der Gesamtwert liefert zum Profilergebnis eine ergänzende Zusatzinformation und kann für Beurteilungen und Differenzierungen herangezogen werden. Die Gesamtwerte der homogenen Profile A, B und C können sich nicht überschneiden. Bei Testpersonen mit dem Profil D ist der Gesamtwert aber eine wichtige Zusatzinformation. Er drückt aus, ob die Testperson insgesamt eher eine überdurchschnittliche, durchschnittliche oder unterdurchschnittliche Leistungsfähigkeit aufweist.

Testprofil A

Testpersonen mit dem Profil A haben in allen Dimensionen durchschnittliche oder bessere Testergebnisse erzielt. Es handelt sich daher um leistungsstarke Testpersonen.

Die Testergebnisse in den einzelnen Dimensionen lassen sich mit Hilfe der vorgeschlagenen Klassifikation beurteilen und interpretieren. Es ist möglich einen Gesamtwert zu bilden. Die Anzahl der Dimensionsergebnisse, die über dem Durchschnitt liegen, liefert in Verbindung mit der Berechnung eines Summenscore ein Maß für die Leistungsstärke der Testperson.

Testprofil B

Testpersonen mit dem Profil B haben in allen Dimensionen durchschnittliche Testergebnisse erzielt. Es handelt sich daher um durchschnittlich leistungsfähige Testpersonen.

Die Testergebnisse in den einzelnen Dimensionen lassen sich mit Hilfe der vorgeschlagenen Klassifikation beurteilen und interpretieren. Es ist möglich einen Gesamtwert zu bilden. Der Summenscore liefert ein Maß für die Leistungsstärke der Testperson.

Testprofil C

Testpersonen mit dem Profil C haben in allen Dimensionen durchschnittliche oder schlechtere Testergebnisse erzielt. Es handelt sich daher um leistungsschwache Testpersonen.

Die Testergebnisse in den einzelnen Dimensionen lassen sich mit Hilfe der vorgeschlagenen Klassifikation beurteilen und interpretieren. Es ist möglich einen Gesamtwert zu bilden. Die Anzahl der Dimensionsergebnisse, die unter dem Durchschnitt liegen, liefert in Verbindung mit der Berechnung eines Summenscore ein Maß für die Leistungsschwäche der Testperson.

Testprofil D

Personen mit dem Testprofil D streuen über alle Leistungsbereiche. Die Betrachtung und Interpretation der Dimensionswerte liefern eine differenzierte Information über das Testprofil, die durch die Berechnung eines Gesamtwertes ergänzt werden kann. Der Gesamtwert drückt das Gesamtniveau der Leistungsfähigkeit aus. Stärken und Schwächen werden allerdings nivelliert; der Gesamtwert darf deshalb nur als ergänzende Information herangezogen werden.

Beispiele zur Erstellung und Interpretation von Testprofilen

Die folgenden Abbildungen veranschaulichen beispielhaft die vier verschiedenen Testprofile.

Testprofil A

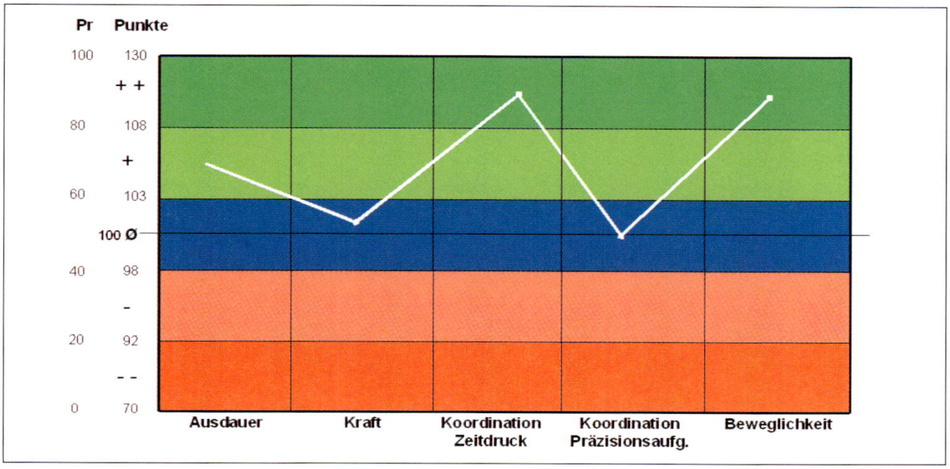

Abb. 7.2. Testprofil A (Gesamtwert=108).

Das Testprofil A (Abb. 7.2) zeigt das Profil einer leistungsstarken Testperson. Alle Ergebnisse sind durchschnittlich oder besser.

Die Testperson erzielt in den Dimensionen Koordination unter Zeitdruck und Beweglichkeit ein weit überdurchschnittliches Ergebnis, in der Ausdauer ein überdurchschnittliches und in der Kraft und der Koordination unter Präzisionsdruck ein durchschnittliches Ergebnis.

Testprofil B

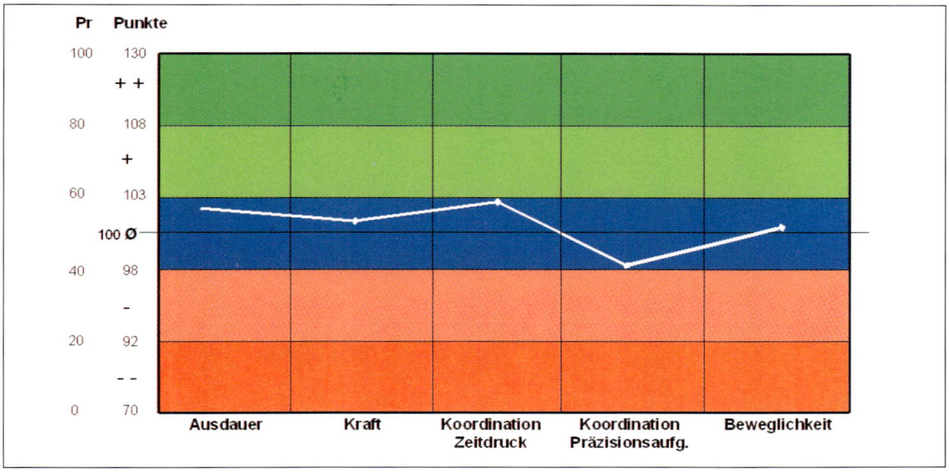

Abb. 7.3. Testprofil B (Gesamtwert=101).

Das Testprofil B (Abb. 7.3) zeigt das Profil einer durchschnittlichen Testperson. Die Dimensionsergebnisse sind durchweg durchschnittlich.

Testprofil C

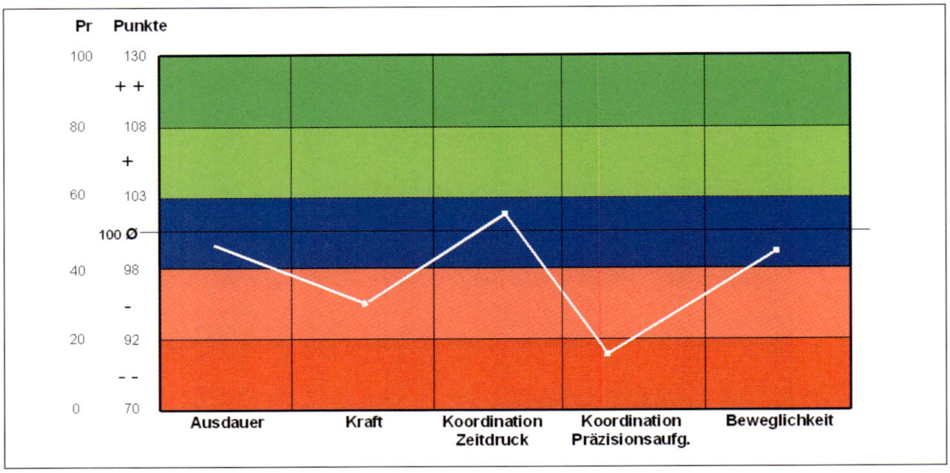

Abb. 7.4. Testprofil C (Gesamtwert=95).

Das Testprofil C (Abb. 7.4) zeigt das Profil einer leistungsschwachen Testperson. Alle Ergebnisse sind durchschnittlich oder schlechter.

Die Testperson erzielt in den Dimensionen Ausdauer, Koordination unter Zeitdruck und Beweglichkeit ein durchschnittliches Ergebnis, in der Kraft ein unterdurchschnittliches und in der Koordination bei Präzisionsaufgaben ein weit unterdurchschnittliches Ergebnis.

Testprofil D

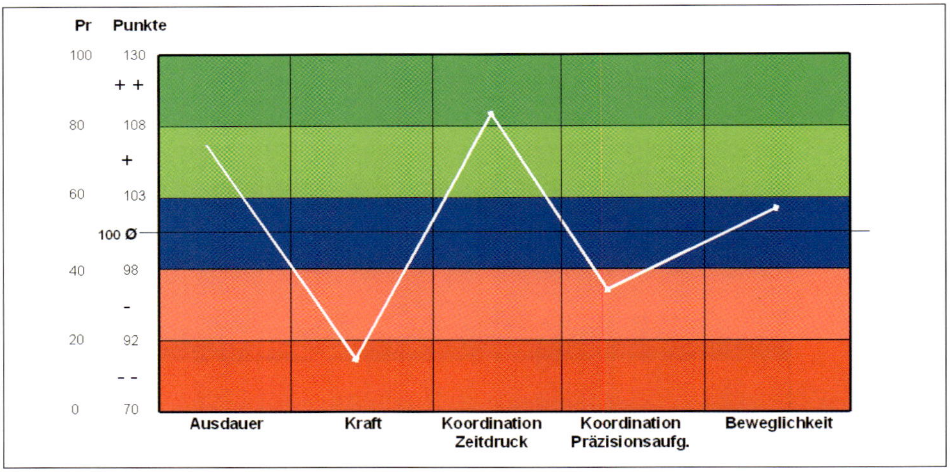

Abb. 7.5. Testprofil D (Gesamtwert=99).

Das Testprofil D (Abb. 7.5) ist heterogen. Die Ergebnisse streuen von weit überdurchschnittlich bis weit unterdurchschnittlich. Der Gesamtwert von 99 drückt aus, dass die Testperson insgesamt ein durchschnittliches Testergebnis erzielt hat.

Die Testperson hat Stärken in der Dimension Koordination unter Zeitdruck (++) und in der Ausdauer (+). In der Beweglichkeit ist sie durchschnittlich leistungsfähig (0). In der Koordination bei Präzisionsaufgaben hat die Testperson unterdurchschnittliche (-) und in der Kraft weit unterdurchschnittliche (--) Testergebnisse erzielt.

Literaturverzeichnis

Beck, J. & Bös, K. (1995). *Normwerte motorischer Leistungsfähigkeit.* Köln: Strauß.

Bös, K. & Mechling, H. (1983). *Dimensionen sportmotorischer Leistung.* Schorndorf: Hofmann.

Bös, K. & Mechling, H. (1985). *International Physical Performance Test Profile (Testmanual).* ICSSPE, Technical Studies. Köln.

Bös, K. (1987). *Handbuch sportmotorischer Tests.* Göttingen: Hogrefe.

Bös, K. & Beck, J. (1989). *Entwicklung eines einheitlichen Sporttests für die Bundeswehr.* Unveröff. Projektabschlußbericht. Frankfurt/Main, Bonn.

Bös, K. (1992). The Relevance of Fitness Tests and Fitness Programs in European Countries. *International Journal of Physical Education, 29* (2), 37-39.

Bös, K. (Hrsg.) (2001). *Handbuch Motorische Tests* (2., vollständig überarbeitete und erweiterte Auflage). Göttingen: Hogrefe.

Bös, K., Opper, E., Woll, A., Liebisch, R., Breithecker, D. & Kremer, B. (2001). Das Karlsruher Testsystem für Kinder (KATS-K). *Haltung und Bewegung, 21* (4, Sonderheft).

Bös, K., Heel, J., Romahn, N., Tittlbach, S., Woll, A., Worth, A. & Hölling, H. (2002). Untersuchung zur Motorik im Rahmen des Kinder- und Jugendgesundheitssurveys. *Das Gesundheitswesen, 64* (1, Sonderheft), 80-87.

Bös, K. (2003). Motorische Leistungsfähigkeit von Kindern und Jugendlichen. In W. Schmidt, I. Hartmann-Tews & W.-D. Brettschneider (Hrsg.), *Erster Deutscher Kinder- und Jugendsportbericht* (S. 85-109). Schorndorf: Hofmann.

Bös, K., Worth, A., Heel, J., Opper, E., Romahn, N., Tittlbach, S., Wank, V. & Woll, A. (2004). *Testmanual des Motorik-Moduls im Rahmen des Kinder und Jugendgesundheitssurveys des Robert Koch-Instituts.* Bundesarbeitsgemeinschaft für Haltungs- und Bewegungsförderung: Wiesbaden.

Bös, K., Brochmann, C., Eschette, H., Lämmle, L., Lanners, M., Oberger, J., Opper, E., Romahn, N., Schorn, A., Wagener, Y., Wagner, M. & Worth, A. (2006). *Gesundheit, motorische Leistungsfähigkeit und körperlich-sportliche Aktivität von Kindern und Jugendlichen in Luxemburg. Eine Untersuchung für die Altersgruppen 9, 14 und 18 Jahre.* Abschlussbericht zum Forschungsprojekt. Luxembourg: SCRIPT.

Bös, K. et al. (2007). *Testmanual MoMo-Kurztest BfEL.* (Unveröff. Manuskript). Universität Karlsruhe, Institut für Sport und Sportwissenschaft.

Bühner, M. (2006). *Einführung in die Test- und Fragebogenkonstruktion.* (2. aktualisierte und erweiterte Auflage). München u.a.: Pearson Studium.

Cratty, B.J. (1979). *Motorisches Lernen und Bewegungsverhalten.* Bad Homburg: Limpert.

Dietrich, N. & Reif, C. (2008). *Vergleich der Lichtschrankenmessung mit der Handstoppung beim 20m-Sprint* (Unveröff. Seminararbeit). Universität Karlsruhe, Institut für Sport und Sportwissenschaft.

Donskoi, D.D. (1975). *Grundlagen der Biomechanik.* Berlin: Sportverlag.

dvs (2007). *Motorischer Test für Kinder und Jugendliche.* (Kurzfassung). Karlsruhe & Hamburg: dvs. Zugriff unter www.sportwissenschaft.de/index.php?id=691

Fetz, F. (1965). Motorische Grundeigenschaften. *Leibeserziehung, 14* (6), 200-207

Fetz, F. & Kornexl, E. (1978). *Sportmotorische Tests.* (2. Aufl.). Berlin, München, Frankfurt/Main: Bartels & Wernitz.

Fischer, G.H., (1974). *Einführung in die Theorie psychologischer Tests.* Bern: Huber.

Fleishman, E.A. (1954). Dimensional analysis of the psychomotor abilities. *J. Exp. Psychol. 48,* 437-454.

Frey, G. (1977). Zur Terminologie und Struktur physischer Leistungsfaktoren und motorischer Fähigkeiten. *Leistungssport, 7* (5), 339-362.

Gentile, A.M. (2000). Skill acquisition: Action, movement, and neuromotor processes. In J. Carr & R. Shepherd (Eds.), *Movement Science. Foundations for Physical Therapy in Rehabilitation* (2. ed.) (S. 111-187). Gaithersburg, Maryland: Aspen.

Gentile, A.M., Higgins, J.R., Miller, E.A. & Rosen, B.M. (1975). Structure of motor tasks, Actes du 7e Symposium en Apprentissage Psychomoteur et Psychologie du Sport (Manuskript). *Mouvement,* 11-28.

Göhner, U. (1979). *Bewegungsanalyse im Sport. Ein Bezugssystem zur Analyse sportlicher Bewegungen unter pädagogischen Aspekten.* Schorndorf: Hofmann.

Grosser, M. & Starischka, S. (1981). *Konditionstests.* München: BLV.

Guilford, J.P. (1957). A system of psychomotors abilities. *American Journal of Psychology, 71,* 164-174.

Gundlach, H. (1968). Systembeziehung und körperliche Fähigkeiten und Fertigkeiten. *Theorie und Praxis der Körperkultur, 17* (2, Beiheft), 198-204.

Haag, H. & Dassel, H. (1975). *Fitness-Tests.* Schorndorf: Hofmann.

Higgins, J.R. (1977) *Human movement.* St. Louis: Mosby.

Hirtz, P. (1964). Zur Bewegungseigenschaft Gewandheit. *Theorie und Praxis der Körperkultur, 13* (8), 729-735.

Hollmann, W. & Hettinger, T. (1980). *Sportmedizin. Arbeits- und Trainingsgrundlagen* (2. neubearbeitete Auflage). Stuttgart: Schattauer.

Kiphard, E.J. & Schilling, F. (1970). *Körper-Koordinationstest für Kinder KTK. Manual.* Weinheim: Beltz.

Klee, A. & Wiemann, K. (2005). *Beweglichkeit/Dehnfähigkeit.* Schorndorf: Hofmann.

Martin, D., Carl, K. & Lehnertz, K. (2001). *Handbuch Trainingslehre* (3. Auflage). Schorndorf: Hofmann.

Meinel, K. (1971). *Bewegungslehre* (4. Auflage). Berlin: Volk und Wissen.

Neumaier, A. (1983). *Sportmotorische Tests in Unterricht und Training.* Schorndorf: Hofmann.

Oberger, J., Romahn, N., Opper, E., Tittlbach, S., Wank, V., Woll, A., Worth, A. & Bös, K. (2006). Untersuchungen zur motorischen Leistungsfähigkeit und körperlich-sportlichen Aktivität im Rahmen des Kinder- und Jugendgesundheitssurveys des Robert Koch-Institutes Berlin. In G. Wydra, H. Winchenbach, M. Schwarz & K. Pfeifer (Hrsg.), *Assessmentverfahren in Gesundheitssport und Bewegungstherapie* (Schriften der Deutschen Vereinigung für Sportwissenschaft, 158, S. 44-55). Hamburg: Czwalina.

Oja, P. & Tuxworth, B. (Eds.) (1995). *Eurofit for adults, Assessment of health related fitness.* Tampere: Council of Europe and UKK-Institute Tampere (Finland).

Pöhlmann, R. (1977). 5 Thesen zum Fähigkeitssystem der Sportmotorik im handlungspsychologischen Bezug. *Theorie und Praxis der Körperkultur, 26* (7), 511-515.

Poulton, E.C. (1957). On prediction in skilled movements. *Psychological Bulletin, 54*, 467-478.

Powell, A., Katzko, M. & Royce, R. (1978). A multifactor-systems theory of the structure and dynamics of motor functions. *Journal of Motor Behavior, 10* (3), 191-210.

Rapp, G. & Schoder, G. (1977). *Motorische Testverfahren.* Stuttgart: CD-Verlagsgesellschaft.

Rasch, G. (1960). *Probabilistic models for some intelligence and attainment tests.* Copenhagen: Danish Institute for Educational Research.

Rieder, H. (1976). Die Bewegungsgeschicklichkeit. In H. Rieder & E. Hahn (Hrsg.), *Psychomotorik und sportliche Leistung* (S. 13-27). Schorndorf: Hofmann.

Roth, K. (1982). *Strukturanalyse koordinativer Fähigkeiten.* Bad Homburg: Limpert.

Rusch, H. & Irrgang, W. (1994). Auswahltest Sportförderunterricht. *Haltung und Bewegung, 14* (1), 4-17.

Safrit, M.J., Zhu, W., Costa, M.G. & Zhang, L. (1992). The difficulty of sit ups tests: an empirical investigation. *Research Quarterly for Exercise and Sport, 63* (3), 277-283.

Schlenker, L. & Seidel, I. (2008). Kann der 20m-Sprint mit Hilfe der Handstoppung aussagekräftig gemessen werden? *FoSS-Newsletter,* (9), 4.

Schnabel, G. (1963). Motorische Tests – Prüfmethoden in der Forschung und der Sportpraxis. *Theorie und Praxis der Körperkultur, 12* (12), 1067-1078.

Telama, R., Naul, R., Nupponen, H., Rychtecky, A., & Vuolle, P. (2002). *Physical Fitness, Sporting Lifestyles and Olympic Ideals of Youth in Europe.* (Sport Science Studies, 11). Schorndorf: Hofmann.

Van Mechelen, W. et al. (1991). *EUROFIT. Handleiding met Referentieschalen voor 12- tot en met 16 jarige jongens en meisjes in Nederland.* Haarlem: De Vriesborch.

WIAD (Hrsg.) (2000). *Bewegungsstatus von Kindern und Jugendlichen in Deutschland.* Forschungsbericht im Auftrag des DSB und der AOK. Bonn: WIAD.

Anhang

Kriterienraster zur Darstellung der diagnostischen Verfahren (Klaus Bös)

Ziel des Kriterienrasters ist die Dokumentation, Beschreibung und Kommentierung von diagnostischen Verfahren sowohl unter inhaltlich-theoretischen als auch unter teststatistischen Gesichtspunkten.

Das Kriterienraster dient zum einen als Vorgabe für die Beschreibung von Tests und Fragebogen. Zum anderen gibt es dem Leser und Anwender von diagnostischen Verfahren, über die beschreibende Darstellung hinaus, die Möglichkeit, einen Beurteilungsvorschlag hinsichtlich der Qualität und Anwendungsrelevanz der einzelnen Verfahren zu erhalten.

Das Kriterienraster umfasst 13 Teilaspekte, die sich zu vier Oberpunkten zusammenfassen lassen. Zu jedem Teilaspekt werden Beurteilungskriterien benannt. Es werden maximal 40 Punkte vergeben.

Name des Tests
Testautor(en) mit Adresse

1 Dokumentation
1.1 Charakteristik
1.2 Quellenangabe
1.3 Literaturangabe

2 Konzeption
2.1 Inhalts- und Gegenstandsbereich
2.2 Aufgabenbeschreibung
2.3 Anwendungs- und Gültigkeitsbereich
- Alter
- Geschlecht
- Zielgruppe

2.4 Zielsetzung
2.5 Konstruktionsmerkmale
- Umfang und Aufbau
- Dimensionalität
- Messwertaufnahme
- Verarbeitung der Messwerte

2.6 Durchführung
- Organisation und Ablauf
- Raumbedarf
- Zeit- und Personenbedarf
- Instruktion
- Geräte und Material

3 Statistik
3.1 Standardisierungsgrad
3.2 Hauptgütekriterien
3.3 Normen

4 Allgemeiner Kommentar

Abb. 9.1. Kriterienraster zur Erfassung der diagnostischen Verfahren.

Erläuterungen der Kriterien und Bewertungen

Name des diagnostischen Verfahrens
Die Bezeichnung des diagnostischen Verfahrens mit dem gängigen Kürzel wird genannt.

Autor(en) und Anschrift
Es werden Name und Anschrift des Autors genannt. Bei mehreren Autoren wird nur eine Adresse angegeben.

1 Dokumentation (max. 7 Punkte)

1.1 Charakteristik des diagnostischen Verfahrens (max. 1)
Unter Charakteristik wird das Verfahren einer Verfahrensart, z.B. Screening für ..., sportmotorischer Test zur Erfassung von ..., etc., zugeordnet.

1.2 Quellenangabe (max. 3)
Unter »Quelle« wird diejenige Publikation verstanden, in der das Verfahren erstmals vollständig beschrieben wurde bzw. die für das Verfahren u.E. am bedeutsamsten ist. Nach der ‚Art' der Publikation lassen sich folgende Unterscheidungen für die Quelle vornehmen.

- Manuskript zum Verfahren (0)
- Publikation in einem Sammelband (1)
- Monographie, Zeitschriftenbeitrag (2)
- Eigenständiges Manual (3)

1.3 Literatur (max. 3)
Die Rezeption eines Verfahrens spiegelt seine Bedeutung in der Fachwelt wieder. Es geht um die Frage, ob neben dem Autor noch weitere Fachwissenschaftler das Verfahren publiziert haben. Zusätzlich wird auch die Praxisrelevanz des Verfahrens widergespiegelt, indem die Testanwendungsliteratur angegeben wird.

- Der Test wurde vom Autor publiziert, es liegen keine weiteren Publikationen vor (1).
- Es gibt (eine/mehrere) Publikationen von weiteren Fachwissenschaftlern (2).
- Es wurden Testanwendungen von Fachwissenschaftlern publiziert (3)

2 Konzeption (max. 13 Punkte)

Für die Beurteilung der Testkonzeption werden Angaben zu den inhaltlich theoretischen Grundlagen des Verfahrens als auch praxisrelevante Aspekte der Durchführung und Anwendung benötigt.

2.1 Inhalts- und Gegenstandsbereich (max. 3)
Die Frage nach dem Gegenstandsbereich oder Messinhalt eines Tests ist eine der zentralen Fragen bei der Beurteilung der Testgüte. Folgende Aspekte sind für die Beurteilung der Testkonzeption wichtig:

- Der Bestimmung des Gegenstandsbereiches wird im Rahmen der Testpublikationen sowie weiteren Arbeiten des Testautors kein genügender Raum gewidmet (0).
- Der theoretische Bezugsrahmen des Testkonzepts wird deutlich hergestellt (1).
- Das inhaltlich theoretische Testkonzept ist in publizierten Ansätzen und Konzeptionen, die nicht unbedingt vom Testautor stammen müssen, verankert (2).
- Der Testautor hat in der Testpublikation die theoretischen Grundlagen des Tests und die Beziehungen zum Testkonzept umfassend diskutiert (3).

2.2 Aufgabenbeschreibung (max. 2)

Die präzise Beschreibung der Testaufgaben mit Durchführungsanleitungen und Bewertungsrichtlinien ist für sachgerechte Testanwendungen unverzichtbar. Eine Bewertung dieses Kriteriums kann wie folgt vorgenommen werden:

- Es gibt keine präzise Testbeschreibung (0)
- Es gibt eine präzise Testbeschreibung und Angabe von Durchführungsanleitungen und Bewertungskriterien (1)
- Es gibt eine präzise Testbeschreibung, Angabe von Durchführungsanleitungen und Bewertungskriterien sowie die Zuordnung der Testaufgaben zum angezielten Gegenstandsbereich (2).

2.3 Anwendungs- und Gültigkeitsbereich (max. 1)

Es kann beurteilt werden, ob der Testautor präzise Angaben zum Geltungs- und Anwendungsbereich hinsichtlich Altersstufe, Geschlecht und Anwendungsgruppen macht. Die Angabe von Geltungs- und Anwendungsbereich des Tests ist für die Praxis unverzichtbar.

2.4 Zielsetzung (max. 1)

Beurteilungskriterium für einen Test ist, ob die Zielsetzung des Verfahrens vom Testautor konkret benannt wird.

2.5 Konstruktionsmerkmale (max. 3)

Die Konstruktionsmerkmale eines Tests werden mit Hilfe der Kategorien Testumfang und Testaufbau, Dimensionalität, Messwertaufnahme und Verarbeitung der Messwerte beschrieben.

Beurteilt werden kann, ob seitens des Testautors überprüfte Aussagen zur Dimensionalität vorliegen, ob für jede Testaufgabe genaue Bewertungsvorschriften benannt werden, und ob die Verarbeitung der Einzelmesswerte zu einem Gesamtwert oder als Testprofil spezifiziert wird.

Umfang
Es wird unterschieden zwischen Einzeltests, Subtests und Testbatterien

Dimensionalität (max. 1)
Es lassen sich homogene Verfahren, die isolierte Merkmalsbereiche erfassen, und heterogene Verfahren, die Komplexmerkmale messen, unterscheiden. Beurteilungskriterium sind die nachfolgenden Aspekte.

- Es werden keine Aussagen zur Dimensionalität gemacht.
- Es werden Aussagen zur Dimensionalität unter Angaben geeigneter Dimensionsanalyse gemacht.

Die Dimensionalitätsprüfung erscheint notwendig, auch wenn das Verfahren primär external validiert ist, d.h. seine Aussagekraft weniger an der Konstruktvalidität als an der Kriteriumsvalidität gemessen wird.

Messwertaufnahme (max. 1)
Im Bereich sportwissenschaftlicher Messung lassen sich verschiedene Formen der Quantifizierung unterscheiden:

- metrisch skalierte Werte
- Ratings (qualitative Beurteilung auf vorgegebenen Stufen)
- dichotome Beurteilung (gelöst – nicht gelöst)

Beurteilungskriterium ist, ob die Erfassung der Messwerte präzise beschrieben ist.

Verarbeitung der Messwerte (max. 1)
Neben der Erfassung der Itemrohwerte benötigt man für die Testauswertung Informationen über die Weiterverarbeitung der Einzelmesswerte.

In der Regel ist vor der Bildung von Gesamtwerten oder Indizes eine Normierung als Zwischenschritt notwendig. Beurteilungskriterium ist, ob präzise Angaben über die Weiterverarbeitung der Testrohwerte gemacht werden. Insbesondere interessiert die Frage, ob der Autor die Zulässigkeit einer Summenscorebildung überprüft hat.

Die Bildung eines Gesamtwertes erscheint lediglich bei homogenen Verfahren sinnvoll. Bei heterogenen Verfahren ist eine dimensionsbezogene Profilauswertung die bessere Methode der Wahl anzusehen.

2.6 Durchführung (max. 3)

Das für den Testpraktiker besonders wichtige Nebengütekriterium der Ökonomie der Testanwendung wird anhand der organisatorischen, räumlichen und zeitlich/personellen Durchführungsbedingungen sowie der Instruktion und des benötigten Gerätebedarfs beurteilt.

In der folgenden Tabelle sind in einer groben Differenzierung am Beispiel »motorische Tests« unterschiedliche Varianten für Testdurchführungsbedingungen exemplarisch aufgelistet.

Die Ökonomie der Anwendung nimmt von oben nach unten je nach Aufwand für Versuchsleiter (VL) und Versuchspersonen (VP) sowie räumlichen und organisatorischen Bedingungen zu.

	organisatorisch	**räumlich**	**zeitl./pers.**	**Instruktion**	**Geräte**
0	kein Stationsbetrieb; strikter Einzeltest	Besonderer Testraum	Mehrere VL, mehr als 90 min für 20 Vpn	VL-Demo oder Video	aufwendige Testgeräte
1	kein Stationsbetrieb; teilweise Stations-betrieb	Sporthalle und/oder Sportplatz	1 VL 20 Vpn in 90 min oder 2 VL	verbal Vpn oder VL-Demo	einfache Zusatzgeräte
2	Stationsbetrieb; teilweise Einzeltest	Sporthalle	1 VL 20 Vpn in 90 min	verbal; Vpn-Demo	Grundausstattung
3	Circuit; Stationsbetrieb	Sporthalle	1 VL 20 Vpn in 45 min	verbal; Vpn-Demo	Grundausstattung

Für die Bewertung der Testökonomie ist keine vollständige Berücksichtigung aller denkbaren Durchführungsaspekte notwendig. So ist ein Verfahren bereits unökonomisch, wenn es aufwändige Geräte voraussetzt oder wenn die Testdurchführung bei mehreren Versuchsleitern immer noch einen hohen Zeitbedarf erfordert.

Ein Bewertungsversuch der Testökonomie muss immer vor dem Hintergrund der spezifischen Durchführungsbedingungen gesehen werden. Ein Test erfüllt das Nebengütekriterium der Testökonomie in idealer Weise, wenn er als Circuit in der Sporthalle und von einem Testleiter mit einer ganzen Klasse (ca. 20 Versuchspersonen) in einer Unterrichtsstunde durchführbar ist. Zusätzlich sollte eine verbale Instruktion ausreichen und nur Geräte aus der Hallengrundausstattung benötigt werden. Das Ökonomieprinzip wird bereits erheblich verletzt, wenn Einzeltestung notwendig ist, wenn besondere räumliche oder materielle Bedingungen erforderlich sind, wenn die Testinstruktion aufwändig ist, technische Voraussetzungen gegeben sein müssen oder wenn ein hoher Zeitbedarf benötigt wird.

Bei Fragebogen, die im Gruppentest ohne besondere Voraussetzungen durchführbar sind, sind diese Idealbedingungen meist erfüllt.

3 Statistik (max. 20)

In diesem Abschnitt werden die teststatistischen Grundlagen anhand der Hauptgütekriterien Objektivität, Reliabilität und Validität sowie die Anwendungsrelevanz und Vergleichbarkeit der Testergebnisse anhand vorliegender Angaben zur Testnormierung beurteilt.

3.1 Standardisierungsrad (max. 1)

Beurteilungskriterium ist die Höhe des Standardisierungsgrades des Verfahrens:

- informelles Verfahren
- formelles Verfahren mit hohem Standardisierungsgrad

3.2 Hauptgütekriterien (max. 10)

Relevant sind Angaben zu Objektivität, Reliabilität und Validität. Eine differenzierte Beurteilung ist nach dem Umfang und der Art vorliegender Testanalysen möglich.

Angaben zur *Objektivität* des Verfahrens (max. 1)

Angaben zur *Reliabilität* des Verfahrens (max. 2)

- keine Reliabilitätsbestimmung
- Reliabilitätsbestimmung nach einer Methode (z.B. Test-Retest)
- vergleichende Reliabilitätsbestimmungen nach mehreren Methoden

Angaben zur *Validität* des Verfahrens (max. 7)

Bestimmung der Kriteriumsvalidität

- mit einem sportwissenschaftlichen Verfahren als Kriterium (1)
- mit verschiedenen sportwissenschaftlichen Verfahren als Kriterium (2)
- mit sportwissenschaftlichen Verfahren als Kriterium und zusätzlich mit Außenkriterien oder Prüfung der inhaltlich-logischen Validität (z.B. durch Expertenrating) (3)

Zusätzliche Konstruktvalidierung

- durch Faktorenanalyse (+2)
- durch Prüfung eines komplexen Hypothesengefüges (+2)

3.3 Normen (max. 7)

Der Begriff der Normen wird hier sehr weit gefasst. Die einfachste Form von Normen liegt vor, wenn Vergleichswerte (Mittelwert, Standardabweichung) publiziert sind. Die Abstufung der Bewertung der Testnormierung erfolgt nach Umfang und Differenziertheit der Berechnungen sowie nach Zusammensetzung und Größe der Normierungsstichprobe.

- keine empirischen Vergleichswerte
- Vergleichswerte (Mittelwerte, Standardabweichungen)
- vorläufigen Normen, Normierungsvorschlägen
- gruppenspezifischen Normierungsvorschlägen
- abgesicherten Normen mit explizierten Berechnungsgrundlagen
- abgesicherten gruppenspezifischen Normen

4 Allgemeiner Kommentar

In einem abschließenden Kommentar werden die wesentlichen »Verfahrensmerkmale« zusammenfassend dargestellt. Dabei wird versucht, neben den angesprochenen quantifizierbaren Beurteilungskriterien auch auf schwer fassbare Bezüge, wie z.B. die Entstehungsgeschichte der einzelnen Verfahren und auf Zukunftsperspektiven (geplante Forschungen und Publikationen) einzugehen. Die Anwendbarkeit des Verfahrens wird vom Autor beurteilt.

Der abschließende Kommentar trägt immer auch subjektive Züge des Beurteilers und soll dem Leser und Anwender lediglich als Orientierungshilfe dienen.

Arbeitsschritte für die Normierung der Rohwerte der Testaufgaben

Berechnung der geschätzten Mittelwerte über Regressionsgeraden

Mittels linearer Regression der Rohmittelwerte werden im Altersgang geschätzte Mittelwerte berechnet. Diese Mittelwerte MW* sind dann Basis zur weiteren Berechnung der Grenzwerte und Leistungsklassen.

Falls im Kurvenverlauf Knicke zu erkennen sind, wird die beste Lösung für den jeweiligen Kurvenverlauf in einzelnen Altersbereichen ermittelt. Das Bestimmtheitsmaß (Grenze für das Bestimmtheitsmaß $r^2 \geq .8$) ist hier zum einen ausschlaggebend für die Entscheidung, ebenso aber auch der weitere Kurvenverlauf mit steigendem Alter (Vergleich mit Erwachsenenstudien). In den meisten Fällen sind die Kurvenanpassungen in bestimmten Altersgruppen (z.B. von 4 bis 10 Jahren) hinreichend gut durch eine Gerade zu erklären.

Berechnung der geschätzten Standardabweichung

Mittelwert bei Altersunabhängigkeit: Die Standardabweichung wird über alle Altersjahrgänge gemittelt, damit es keine Bereichsüberschneidungen der Normbereiche zwischen den einzelnen Altersklassen gibt.

Mittelwert der Variabilität: Die Standardabweichung wird zunächst als Prozentanteil des Mittelwertes dargestellt (Variabilität). Ist der Verlauf der Prozentanteile linear mit dem Alter, wird SD* mittels linearer Regression berechnet. Bei gleich bleibender Variabilität im Altersgang, werden die Prozentanteile gemittelt. Ebenso wird mit altersunabhängigen und nicht stetigen Verläufen verfahren.

Regression bei Altersabhängigkeit: wie oben.

Vorgehensweise für die Gewinnung der Normwerte

6-Minuten-Lauf

Für diesen Test liegen für die 6- bis 10-Jährigen Daten aus der Studie KATS-K vor (N=1500; Bös, Opper & Woll, 2001). Ergänzend werden aus Beck und Bös (1995) die Mittelwerte und Standardabweichungen publizierter Studien ergänzt. Die Studien bei Beck und Bös sind sehr unterschiedlich in ihrer Struktur und der Anzahl der Stichprobe. Um dies nicht unbeachtet zu lassen, werden die Fallzahlen logarithmisch gewichtet. So hat zum Beispiel eine Studie mit N=100 Probanden das doppelte Gewicht wie eine Studie mit N=10 Probanden. Die 16- und 17-Jährigen werden zusammengefasst, da hier nicht in ausreichender Anzahl Studien vorliegen. Für die 10-Jährigen werden die Daten aus KATS-K und den Studien aus SpoDat zusammengefasst.

Die Berechnung der gewichteten und gemittelten Mittelwerte und Standardabweichungen erfolgt nach folgendem Algorithmus.

(a) gewichteter Mittelwert: $MW^* = \sum_i (\text{Gewichtungsfaktor}_i \times \text{Mittelwert}_i) / \sum \text{Gewichtungsfaktoren}$

(b) gewichtete Standardabweichung: $SD^* = \sum_i (\text{Gewichtungsfaktor}_i \times \text{Standardabweichung}_i) / \sum \text{Gewichtungsfaktoren}$

Bei den 6- bis 10-Jährigen sind die Rohwerte normal verteilt. Es ist daher zu erwarten, dass sich die Ergebnisse des 6-Minuten-Laufes in der Gesamtpopulation in Form einer Normalverteilung widerspiegeln. Die Berechnung der Normwerte erfolgt daher über die Z-Wert-Bestimmung mittels geschätztem Mittelwert und angepasster Standardabweichung.

Die gelaufenen Meter zeigen bei den Jungen über alle Altersklassen eine etwa gleichbleibende Steigung. Die Mittelwerte können mittels linearer Regression angenähert werden

(MW*=592,7m + 44,3m*Alter). Das Bestimmtheitsmaß für die Schätzung der Mittelwerte ist R^2=.95. Die Varianzaufklärung der Rohwerte kann hier nicht berechnet werden, da keine Datensätze zu Grunde liegen.

Bei den Mädchen kann bis zu einem Alter von 12 Jahren sehr gut linear angenähert werden (MW*=562,3m + 38,0m*Alter). Das Bestimmtheitsmaß für die Mittelwerte beträgt R^2=.98. Ab einem Alter von 12 Jahren stagniert die Leistung im 6-Minuten-Lauf bei den Mädchen. Es gibt keine relevanten Mittelwertsunterschiede zwischen den Altersgruppen. Der größte Unterschied zwischen den 13-jährigen Mädchen (MW=1029m, SD=148m) und den 16- und 17-jährigen Mädchen (MW=992m, SD=205m) beträgt lediglich 3,7 Prozent wobei die 16- und 17-jährigen die schlechteren Laufleistungen aufweisen. Für den Altersbereich 12 bis 17 Jahre wird daher der durchschnittliche Mittelwert berechnet.

Die Mittelwerte zur Berechung der Normwerte für den *6-Minuten-Lauf* sind in der Tabelle 9.1 dargestellt.

Die Standardabweichungen zeigen insgesamt einen stetigen Verlauf, wobei die Variabilität nahezu konstant bleibt. So wird hier die mittlere Variabilität in Höhe von V=0,14 (14 % vom Mittelwert) zur Berechnung der geschätzten SD* verwendet.

(c) geschätzte Standardabweichung 6-Minuten-Lauf: $SD_i^* = 0{,}14 \times MW_i^*$

Tab. 9.1. *Geschätzte Mittelwerte und Standardabweichungen für die Anzahl der gelaufenen Meter beim 6-Minuten-Lauf nach Alter und Geschlecht differenziert.*

Geschlecht	Altersgruppe	MW	MW*	N	SD	SD*
männlich	6 Jährige	847	859	69	109	119
	7 Jährige	879	903	150	133	125
	8 Jährige	921	947	182	148	131
	9 Jährige	959	991	159	142	138
	10 Jährige	1074	1036	1034	142	144
	11 Jährige	1106	1080	376	139	150
	12 Jährige	1155	1124	434	148	156
	13 Jährige	1210	1169	369	149	162
	14 Jährige	1253	1213	361	143	168
	15 Jährige	1257	1257	146	168	175
	16 Jährige	1280	1302	142	205	181
	17 Jährige	1280	1346	142	205	187
weiblich	6 Jährige	776	790	77	115	109
	7 Jährige	832	828	127	114	114
	8 Jährige	884	866	179	110	119
	9 Jährige	897	904	161	120	124
	10 Jährige	954	942	892	116	129
	11 Jährige	981	980	311	132	135
	12 Jährige	1007	1004	334	121	138
	13 Jährige	1029	1004	332	148	138
	14 Jährige	1005	1004	249	143	138
	15 Jährige	999	1004	139	127	138
	16 Jährige	992	1004	196	156	138
	17 Jährige	992	1004	196	156	138

Liegestütz in 40 Sekunden

Die Rohwerte sind in 13 von 24 Zellen nach Alter und Geschlecht getrennt betrachtet normal verteilt. Bei signifikanten Abweichung beträgt der Kennwert Z nicht mehr als 1.89. Dies ist ein Indikator, dass man auch hier zumindest von annähernden Normalverteilungen sprechen kann. Die Verteilungsformen sind auch allesamt eingipflig und symmetrisch zum Mittelwert, was die Überprüfung der Schiefe zeigt. Die Abweichung von der Normalverteilung gründet lediglich auf der Steilheit der Kurve mit Kurtosis-Werten zwischen 2 und 3. Im Bereich um den Mittelwert häufen sich die Werte eher an. Hier erwartet man auch eine überzufällige Verteilung bei der späteren Kategorienbildung.

Die Berechnungen der Normwerte erfolgen daher über eine Z-Wert-Bestimmung mittels geschätztem Mittelwert und angepasster Standardabweichung.

Die Anzahl der Liegestütz zeigt bei den Jungen über alle Altersklassen eine etwa gleichbleibende Steigung. Die Mittelwerte können mittels linearer Regression angenähert werden (MW*=5,971 + 0,541*Alter). Das Bestimmtheitsmaß für die Schätzung der Mittelwerte ist R^2=.93, wobei die Varianzaufklärung der Rohwerte lediglich bei R^2=.22 liegt, da die Streuung etwa ein Drittel des Mittelwertes beträgt.

Bei den Mädchen kann bis zu einem Alter von 12 Jahren linear angenähert werden (MW*=5,137 + 0,613*Alter). Das Bestimmtheitsmaß für die Mittelwerte beträgt R^2=.93 und die Varianzaufklärung der Rohwerte R^2=.12, da auch hier die Streuung bei etwa einem Drittel der Mittelwerte liegt. Ab einem Alter von 12 Jahren stagniert die Leistung beim Test Liegestütz der Mädchen. Es gibt keine signifikanten Mittelwertsunterschiede zwischen den Altersgruppen. Hier wird der durchschnittliche Mittelwert über den Altersbereich 12 bis 17 Jahre berechnet.

Die Standardabweichung ist innerhalb der beiden Geschlechtergruppen nicht stetig, so dass hier der nach Fallzahl gewichtete Mittelwert der Standardabweichungen SD* zur weiteren Berechnung verwendet wird.

(d) gewichtete Standardabweichung Liegestütz: $SD^* = (SD_{6\text{-}10} \times N_{6\text{-}10} + SD_{11\text{-}13} \times N_{11\text{-}13} + SD_{14\text{-}17} \times N_{14\text{-}17}) / N_{gesamt}$

Tab. 9.2. *Geschätzte Mittelwerte und Standardabweichungen für die Anzahl der Liegestütz in 40 Sekunden nach Alter und Geschlecht differenziert.*

Geschlecht	Altersgruppe	MW	MW*	N	SD	SD*
männlich	6 Jährige	8,03	8,21*	153	3,00	3,44
	7 Jährige	9,95	9,76	161	3,34	
	8 Jährige	10,73	10,30	157	3,19	
	9 Jährige	11,11	10,84	152	3,23	
	10 Jährige	12,19	11,39	156	3,56	
	11 Jährige	12,37	11,93	157	3,48	
	12 Jährige	12,37	12,47	158	3,18	
	13 Jährige	12,55	13,02	171	3,22	
	14 Jährige	13,08	13,56	182	3,59	
	15 Jährige	14,34	14,10	185	4,09	
	16 Jährige	14,71	14,65	189	3,72	
	17 Jährige	14,98	15,19	172	3,73	
weiblich	6 Jährige	8,34	8,81	146	2,82	3,36
	7 Jährige	9,47	9,43	151	3,70	
	8 Jährige	10,60	10,04	150	3,24	
	9 Jährige	10,76	10,66	147	3,48	
	10 Jährige	11,52	11,27	140	3,10	
	11 Jährige	11,47	11,89	152	3,60	
	12 Jährige	12,45	12,37	154	3,39	
	13 Jährige	12,64	12,37	152	3,11	
	14 Jährige	11,87	12,37	178	3,60	
	15 Jährige	12,08	12,37	172	3,54	
	16 Jährige	13,12	12,37	178	2,71	
	17 Jährige	12,03	12,37	175	4,03	

** Der Wert der 6-jährigen Jungen wurde um -1 angepasst, da die Leistungssteigerung in diesem Alter größer ist und die Perzentilverteilungen ansonsten nicht die Grundgesamtheit widerspiegeln.*

Anmerkung zur Normtabelle Liegestütz

Hier gelten die gerundeten Werte oft für zwei Bereiche der Leistungsklassen. Damit später aber eine eindeutige Zuordnung in die Profilkategorien möglich sein soll, wird nach folgenden Modalitäten vorgegangen (Anpassung der Normwerttabelle):

1. Das Runden der Werte wird angepasst: .50 bis .99 wird dem kleineren Wert zugeordnet, .00 bis .49 dem größeren Wert – die Zahl vor dem Komma gilt also als Bezugswert.
2. Bei bleibenden Bereichsüberschneidungen wird nach der größten Anzahl der gerundeten Werte in einem Bereich entschieden.
3. Danach wird noch die Quintilverteilung überprüft: weichen die Werte mehr als 10 % vom Erwartungswert (20 %) ab, werden die Grenzwerte mittels Prozentrangbetrachtung angepasst.

Sit-ups in 40 Sekunden

Da bei diesem Test nur für die 6- bis 10-Jährigen repräsentative Daten der Studie KATS-K vorliegen, werden die Mittelwerte und Standardabweichungen aus SpoDat (Beck & Bös, 1995) mittels folgender Vorgehensweise ergänzt.

Die Studien sind sehr unterschiedlich in ihrer Struktur und der Anzahl der Stichprobe. Um dies nicht unbeachtet zu lassen, werden die Fallzahlen logarithmisch gewichtet. So hat zum Beispiel eine Studie mit N=100 Probanden das doppelte Gewicht wie eine Studie mit N=10 Probanden. Es sind in allen Altersgruppen ausreichend Studien vorhanden. Für die 10-Jährigen werden die Daten aus KATS-K und SpoDat zusammengefasst, da dies die Schnittstelle darstellt.

Die Berechnung der gewichteten und gemittelten Mittelwerte und Standardabweichungen erfolgt nach folgendem Algorithmus.

(a) gewichteter Mittelwert: $MW^* = \sum_i$ (Gewichtungsfaktor$_i$ x Mittelwert$_i$) / $\sum$ Gewichtungsfaktoren

(b) gewichtete Standardabweichung: $SD^* = \sum_i$ (Gewichtungsfaktor$_i$ x Standardabweichung$_i$) / $\sum$ Gewichtungsfaktoren

Die zweite Umrechnung erfolgt durch die Schätzung der Anzahl der Sit-ups von 30 Sekunden auf die Anzahl in 40 Sekunden. Im Alter von 11 bis 17 Jahren liegen nur Studien mit 30 Sekunden vor. Der Faktor C_{th} = 40s/30s = 1,33 kann auch empirisch durch den Vergleich mit KATS-K angenähert werden. Beim Vergleich der Mittelwerte aus den Studien aus SpoDat (Beck & Bös, 1995) ergibt sich für die Jungen ein Faktor C_m=1,38 und für die Mädchen ein Faktor C_w=1,25 was im Mittel einem Faktor von $C_{emp} = C_m + C_w$ = 1,31 entspricht. Der Fehler durch die verallgemeinerte Schätzung liegt bei etwa vier Prozent (etwa ein Sit-up in 40 Sekunden) für die Jungen und sechs Prozent (etwa zwei Sit-ups in 40 Sekunden) für die Mädchen. Dieses Ergebnis wird später bei der Entscheidung von Leistungsgrenzen berücksichtigt, damit der Fehlertrend nicht zusätzlich verstärkt wird. Bei den Mädchen wird dann eher der niedrige Wert und bei den Jungen eher der höhere Wert bei Grenzübergängen verwendet.

Bei den 6- bis 10-Jährigen sind die Rohwerte in der Hälfte der Zellen ausreichend gut normal verteilt (Jungen: 6 Jahre: Z=1.04, p=.23, 7 Jahre: Z=1.14, p=.15, 8 Jahre: Z=1.58, p=.01, 9 Jahre: Z=1.46, p=.03, 10 Jahre: Z=.88, p=.42; Mädchen: 6 Jahre: Z=1.20, p=.11, 7 Jahre: Z=1.76, p=.00, 8 Jahre: Z=1.37, p=.05, 9 Jahre: Z=1.42, p=.04, 10 Jahre: Z=1.11, p=.17). Auch bei Verletzung der Kennwertgrenzen weichen die Rohwertverteilungen nur sehr schwach von einer optimalen Normalverteilung ab. Es ist daher zu erwarten, dass sich die Ergebnisse des Tests Sit-ups in 40 Sekunden in der Gesamtpopulation in Form einer Normalverteilung widerspiegeln. Die Berechnungen der Normwerte erfolgen daher über eine Z-Wert-Bestimmung mittels geschätztem Mittelwert und angepasster Standardabweichung.

Die geschafften Sit-ups zeigen bei den Jungen und Mädchen über alle Altersklassen eine quadratische Form. Das würde auch inhaltlich erklären, dass die Leistung ab einem Alter von etwa 20 Jahren bei beiden Geschlechtern wieder abnimmt (vgl. Beck & Bös, 1995). Die Mittelwerte können allerdings im Altersbereich 6 bis 17 Jahre sehr gut über eine lineare Regression angenähert werden. Das Bestimmtheitsmaß der Mittelwerte liegt bei R^2=.96 für die Jungen und R^2=.89 für die Mädchen. Die Varianzaufklärung der Rohwerte kann hier nicht berechnet werden, da keine Datensätze zu Grunde liegen.

Für die differenziertere Berechnung werden die Altersbereiche 6 bis 12 Jahre und 12 bis 17 Jahre getrennt betrachtet, um der Veränderung der Leistungssteigerung gerecht zu werden.

Für die Jungen ergeben sich so folgende Funktionsgleichungen:

- 6 bis 12 Jahre: MW*=5,1 + 1,9*Alter
- 12 bis 17 Jahre: MW*=14,4 + 1,1*Alter

Für die Mädchen ergeben sich folgende Funktionsgleichungen:

- 6 bis 12 Jahre: MW*=3,6 + 1,8*Alter
- 12 bis 17 Jahre: MW*=18,1 + 0,5*Alter

Die beiden errechneten Werte der 12-Jährigen werden gemittelt, um einen zu starken Knick zu vermeiden.

Die Mittelwerte zur Berechnung der Normwerte für den Test *Sit-ups in 40 Sekunden* sind in Tabelle 9.3 dargestellt.

Die Standardabweichungen zeigen insgesamt einen stetigen Verlauf, wobei die Streuung mit dem Alter abnimmt. Zwischen Jungen und Mädchen gibt es keine bedeutsamen Unterschiede in den einzelnen Altersgruppen, daher werden die Werte hier zusammengefasst betrachtet, um eine weitere Glättung zu erreichen. In einem weiteren Schritt lassen sich mittels linearer Regression die geschätzten Standardabweichungen mit einem Bestimmtheitsmaß von R^2=.88 berechnen.

Tab. 9.3. *Geschätzte Mittelwerte und Standardabweichungen für die Anzahl der Sit-ups in 40 Sekunden nach Alter und Geschlecht differenziert.*

Geschlecht	Altersgruppe	MW	MW*	N	SD	SD*
männlich	6 Jährige	16,30	16,52	77	6,95	7,02
	7 Jährige	17,86	18,42	166	5,93	6,83
	8 Jährige	19,96	20,32	194	7,15	6,63
	9 Jährige	23,66	22,22	163	6,72	6,44
	10 Jährige	24,81	24,12	11588	6,54	6,25
	11 Jährige	25,84	26,02	12464	5,87	6,05
	12 Jährige	27,11	27,67	12403	5,99	5,86
	13 Jährige	28,76	28,51	13517	5,78	5,67
	14 Jährige	29,68	29,59	12384	5,51	5,48
	15 Jährige	31,02	30,68	14262	5,09	5,28
	16 Jährige	31,37	31,76	14290	5,06	5,09
	17 Jährige	32,87	32,85	12443	5,34	4,90
weiblich	6 Jährige	14,09	14,25	85	7,18	7,02
	7 Jährige	15,48	16,02	138	7,15	6,83
	8 Jährige	18,42	17,80	189	6,19	6,63
	9 Jährige	19,72	19,58	163	7,44	6,44
	10 Jährige	21,49	21,35	10376	6,11	6,25
	11 Jährige	23,55	23,13	11926	5,60	6,05
	12 Jährige	24,27	24,41	12005	5,37	5,86
	13 Jährige	24,60	24,41	12984	5,45	5,67
	14 Jährige	24,24	24,90	11743	5,51	5,48
	15 Jährige	25,47	25,39	13717	5,05	5,28
	16 Jährige	25,21	25,87	13949	5,08	5,09
	17 Jährige	27,07	26,36	12113	5,01	4,90

Standweitsprung

Bei allen Altersjahrgängen sind die Rohwerte normal verteilt. Dies gilt für die Jungen und die Mädchen gleichermaßen. Es ist somit zu erwarten, dass sich die Ergebnisse des Standweitsprunges in der Gesamtpopulation anhand einer Normalverteilung widerspiegeln. Die Berechnungen der Normwerte erfolgen daher über eine Z-Wert-Bestimmung mittels geschätztem Mittelwert und angepasster Standardabweichung.

Die gesprungenen Weiten zeigen bei den Jungen über alle Altersklassen eine etwa gleichbleibende Steigung. Die Mittelwerte können mittels linearer Regression angenähert werden (MW*=55,7cm + 9,0cm*Alter). Das Bestimmtheitsmaß für die Schätzung der Mittelwerte ist R^2=.99. Die Varianzaufklärung der Rohwerte beträgt bei den Jungen R^2=.73.

Bei den Mädchen kann bis zu einem Alter von 12 Jahren sehr gut linear angenähert werden (MW*=54,5cm + 8,2cm*Alter). Das Bestimmtheitsmaß für die Mittelwerte beträgt R^2=.95. Die Varianzaufklärung der Rohwerte beträgt bei den Mädchen R^2=.54. Ab einem Alter von 12 Jahren stagniert die Leistung beim Standweitsprung bei den Mädchen. Es gibt keine relevanten

Mittelwertsunterschiede zwischen den Altersgruppen. Für den Altersbereich 12 bis 17 Jahre wird daher der durchschnittliche Mittelwert berechnet.

Die Mittelwerte zur Berechnung der Normwerte für den Test *Standweitsprung* sind in Tabelle 9.4 dargestellt.

Die Variabilität der Standardabweichungen zeigt bei den Jungen eine Teilung in zwei Altersgruppen. Die Ergebnisse der 4- bis 10-jährigen Jungen weisen eine Streuung von 16 Prozent in Relation zum Mittelwert auf, wobei die 11- bis 17-jährigen Jungen eine geringere Variabilität der Ergebnisse mit 13 Prozent in Relation zum Mittelwert zeigen. Die geschätzten Standardabweichungen wurden daher getrennt für die beiden genannten Altersbereiche berechnet.

(e) geschätzte Standardabweichung Standweitsprung Jungen:

4 bis 10 Jahre: $SD_i^* = 0{,}16 \times MW_i^*$ 11 bis 17 Jahre: $SD_i^* = 0{,}13 \times MW_i^*$

Bei den Mädchen bleibt die Variabilität in allen Altersgruppen nahezu konstant. So wird hier die mittlere Variabilität in Höhe von V=0,16 (16% vom Mittelwert) zur Berechnung der geschätzten SD* verwendet.

(f) geschätzte Standardabweichung Standweitsprung Mädchen: $SDi^* = 0{,}16 \times MW_i^*$

Tab. 9.4. *Geschätzte Mittelwerte und Standardabweichungen für die maximal gesprungene Weite beim Standweitsprung nach Alter und Geschlecht differenziert.*

Geschlecht	Altersgruppe	MW	MW*	N	SD	SD*
männlich	4 Jährige	85,21	86,66*	148	18,24	14,67
	5 Jährige	101,24	100,66	154	17,37	16,11
	6 Jährige	113,45	109,67	157	17,78	17,55
	7 Jährige	122,85	118,67	161	17,63	18,99
	8 Jährige	130,63	127,67	158	16,80	20,43
	9 Jährige	138,17	136,67	152	18,76	21,87
	10 Jährige	143,92	145,67	156	22,73	23,31
	11 Jährige	154,8	154,68	157	19,26	20,11
	12 Jährige	157,29	163,68	158	20,55	21,28
	13 Jährige	168,36	172,68	172	22,75	22,45
	14 Jährige	182,11	181,68	181	28,41	23,62
	15 Jährige	195,65	190,68	182	26,96	24,79
	16 Jährige	204,09	199,69	194	26,70	25,96
	17 Jährige	204,68	208,69	172	25,05	27,13
weiblich	4 Jährige	77,43	77,43*	146	18,01	13,99
	5 Jährige	96,75	95,65	145	17,42	15,30
	6 Jährige	109,58	103,87	149	16,13	16,62
	7 Jährige	117,47	112,09	153	16,92	17,94
	8 Jährige	125,65	120,32	151	17,41	19,25
	9 Jährige	125,9	128,54	147	18,82	20,57
	10 Jährige	135,36	136,76	140	18,63	21,88
	11 Jährige	145,54	144,99	151	23,90	23,20
	12 Jährige	149,17	151,58	154	23,37	24,25
	13 Jährige	151,18	151,58	156	23,76	24,25
	14 Jährige	151,58	151,58	178	22,48	24,25
	15 Jährige	152,29	151,58	175	27,28	24,25
	16 Jährige	157,65	151,58	178	24,83	24,25
	17 Jährige	147,59	151,58	178	25,12	24,25

** Die Überprüfung der Quintilverteilungen veranlasste eine Anpassung der Werte der 4-Jährigen: Jungen um -5cm und Mädchen um -10cm, da die Leistungssteigerung in diesem Alter größer ist.*

Seitliches Hin- und Herspringen in 15 Sekunden

Bei 24 von 28 Zellen sind die Rohwerte ausreichend gut normal verteilt. In den vier Zellen mit signifikanter Abweichung zeigt sich allerdings auch nur eine leichte Abweichung von einer Normalverteilung ab (Jungen: 5 Jahre: Z=1.44, p=.03; Mädchen: 6 Jahre: Z=2.13, p=.00, 7 Jahre: Z=1.47, p=.03, 16 Jahre: Z=1.48, p=.03). Es ist daher zu erwarten, dass sich die Ergebnisse des Tests *Seitliches Hin- und Herspringen in 15 Sekunden* auch in der Gesamtpopulation in

Form einer Normalverteilung widerspiegeln. Die Berechnungen der Normwerte erfolgt daher über eine Z-Wert-Bestimmung mittels geschätztem Mittelwert und angepasster Standardabweichung.

Die Rohwertverteilung für das seitliche Hin- und Herspringen zeigen bei den Jungen und Mädchen über alle Altersklassen eine quadratische Form. Die Mittelwerte können allerdings sehr gut über zwei lineare Regressionsberechnungen angenähert werden. Die Steigung macht beim Alter von 11 Jahren bei beiden Geschlechtern einen Knick. Das bedeutet, die Leistungssteigerung verändert sich. Die Leistung pro Jahr nimmt bei den Jugendlichen von 11 bis 17 Jahren nicht mehr so stark zu wie bei den Kindern von 4 bis 11 Jahren. Das Bestimmtheitsmaß für die Jungen von 4 bis 11 Jahren beträgt R^2=.99 und von 11 bis 17 Jahren R^2=.97. Für die Mädchen von 4 bis 11 Jahren beträgt das Bestimmtheitsmaß ebenso R^2=.99 und für die 11 bis 17 jährigen Mädchen R^2=.81. Die Varianzaufklärung der Rohwerte liegt bei den Jungen bei R^2=.64 bzw. R^2=.09 und bei den Mädchen bei R^2=.67 bzw. R^2=.04. Die Werte für die Älteren sind daher so niedrig, da kaum noch eine Leistungssteigerung im Altersgang festgestellt werden kann. Da sich allerdings ein positiver Trend zeigt, werden die Mittelwerte nicht über den Gesamtmittelwert geschätzt, sondern mit einem leichten Anstieg berechnet.

Für die Jungen ergeben sich folgende Funktionsgleichungen:

- 4 bis 11 Jahre: MW*=3,0*Alter – 3,7
- 11 bis 17 Jahre: MW*=1,1*Alter + 19,0

Für die Mädchen ergeben sich folgende Funktionsgleichungen:

- 4 bis 11 Jahre: MW*=3,1*Alter – 3,2
- 11 bis 17 Jahre: MW*=0,6*Alter + 25,6

Die beiden errechneten Werte der 11-Jährigen werden gemittelt, um einen zu starken Knick zu vermeiden.

Die Mittelwerte zur Berechnung der Normwerte für den Test *Seitliches Hin- und Herspringen in 15 Sekunden* sind in folgender Tabelle 9.5 dargestellt.

Die Variabilität der Standardabweichungen zeigt bei den Jungen und bei den Mädchen eine Teilung in drei Altersgruppen. Für die jeweiligen Bereiche wird die Variabilität gemittelt. Die Ergebnisse der 4- bis 5-jährigen Jungen weisen eine Streuung von 38 Prozent in Relation zum Mittelwert auf, die der 6- bis 10-jährigen eine Streuung von 27 Prozent und die der 11- bis 17-jährigen Jungen eine Streuung von 13 Prozent. Bei den Mädchen ist die fallende Variabilität im Altersgang ebenso in die drei Altersklassen einzuteilen. Die Ergebnisse der 4- bis 5-jährigen Mädchen weisen eine Streuung von 32 Prozent in Relation zum Mittelwert auf, die der 6- bis 10-jährigen eine Streuung von 25 Prozent und die der 11- bis 17-jährigen Jungen eine Streuung von 17 Prozent. Die geschätzten Standardabweichungen wurden daher getrennt für die drei genannten Altersbereiche berechnet.

(g) geschätzte Standardabweichung Seitlichen Hin- und Herspringen Jungen:

$SD_i^* = 0{,}38 \times MW_i^*$ (4 bis 5 Jahre)

$SD_i^* = 0{,}27 \times MW_i^*$ (6 bis 10 Jahre)

$SD_i^* = 0{,}20 \times MW_i^*$ (11 bis 17 Jahre)

(h) geschätzte Standardabweichung Seitlichen Hin- und Herspringen Mädchen:

$SD_i^* = 0{,}32 \times MW_i^*$ (4 bis 5 Jahre)

$SD_i^* = 0{,}25 \times MW_i^*$ (6 bis 10 Jahre)

$SD_i^* = 0{,}17 \times MW_i^*$ (11 bis 17 Jahre)

Tab 9.5. *Geschätzte Mittelwerte und Standardabweichungen für die Anzahl der Sprünge beim Seitlichen Hin- und Herspringen in 30 Sekunden nach Alter und Geschlecht differenziert.*

Geschlecht	Altersgruppe	MW	MW*	N	SD	SD*
männlich	4 Jährige	8,35	8,41	150	3,39	3,20
	5 Jährige	11,65	11,44	150	4,04	4,35
	6 Jährige	15,05	14,47	156	4,38	4,70
	7 Jährige	17,39	17,50	159	4,15	4,72
	8 Jährige	20,32	20,53	157	6,03	5,54
	9 Jährige	22,86	23,56	151	6,24	6,36
	10 Jährige	25,29	26,59	154	6,38	6,25
	11 Jährige	31,21	30,25	152	5,90	6,05
	12 Jährige	31,70	31,96	158	6,48	6,39
	13 Jährige	32,35	33,03	171	6,20	6,61
	14 Jährige	34,72	34,11	182	6,49	6,82
	15 Jährige	35,16	35,19	185	7,33	7,04
	16 Jährige	36,49	36,27	194	6,72	7,25
	17 Jährige	37,14	37,35	172	7,54	7,47
weiblich	4 Jährige	8,95	9,15	140	3,33	2,93
	5 Jährige	11,83	12,24	144	3,16	3,92
	6 Jährige	15,84	15,32	148	4,65	4,37
	7 Jährige	18,62	18,41	153	4,50	4,60
	8 Jährige	22,50	21,49	149	5,54	5,37
	9 Jährige	23,84	24,58	146	6,49	6,14
	10 Jährige	26,48	27,66	139	5,72	5,81
	11 Jährige	31,52	31,40	151	5,30	5,34
	12 Jährige	33,00	32,64	153	5,94	5,55
	13 Jährige	33,93	33,22	151	5,84	5,65
	14 Jährige	33,51	33,81	178	5,66	5,75
	15 Jährige	33,76	34,39	174	5,73	5,85
	16 Jährige	35,77	34,98	178	5,18	5,95
	17 Jährige	35,18	35,56	175	6,08	6,05

20m-Sprint

Da bei diesem Test nur für die 6- bis 10-Jährigen repräsentative Daten aus der Studie KATS-K (vgl. Bös, 2002) vorliegen, werden die Mittelwerte und Standardabweichungen aus SpoDat (vgl. Beck & Bös, 1995) mittels folgender Vorgehensweise ergänzt.

Die Mittelwerte wurden hier wie beim *6-Min-Lauf* nach der entsprechenden Fallzahl logarithmisch gewichtet. Somit hat eine größere Studie mehr Gewicht als eine Studie mit kleiner Stichprobenanzahl. Die 16- und 17-jährigen Mädchen werden zusammengefasst, da hier nicht in ausreichender Anzahl Studien vorliegen. Für die 10-Jährigen werden die Daten aus KATS-K und SpoDat zusammengefasst, da dies die Schnittstelle der Berechnungsgrundlagen darstellt.

Die Berechnung der gewichteten und gemittelten Mittelwerte und Standardabweichungen erfolgt nach folgendem Algorithmus.

(a) gewichteter Mittelwert: MW* = $\sum_i$ (Gewichtungsfaktori x Mittelwerti) / $\sum$ Gewichtungsfaktoren

(b) gewichtete Standardabweichung: SD* = $\sum_i$ (Gewichtungsfaktori x Standardabweichungi) / $\sum$ Gewichtungsfaktoren

Bei den 6- bis 10-Jährigen sind die Rohwerte in allen zehn Einzelzellen normal verteilt. Es ist daher zu erwarten, dass sich die Rohwerte des Tests *20m-Lauf* in der Gesamtpopulation in Form einer Normalverteilung darstellen. Die Berechnung der Normwerte erfolgt daher über eine Z-Wert-Bestimmung mittels geschätztem Mittelwert und angepasster Standardabweichung.

Bei den Jungen ist über die gesamte Altersspanne eine stetige Leistungsverbesserung festzustellen. Die Zeit für die zu laufende Distanz von 20 Metern nimmt pro Jahr um etwa eine Zehntel Sekunde ab. Die Mittelwerte können mittels linearer Regression angenähert werden (MW*=4,86s – 0,11s*Alter). Das Bestimmtheitsmaß für die Schätzung der Mittelwerte ist R^2=.97. Die Varianzaufklärung der Rohwerte kann hier nicht berechnet werden, da keine Datensätze zu Grunde liegen.

Bei den Mädchen kann bis zu einem Alter von 13 Jahren sehr gut linear angenähert werden (MW*=5,15s – 0,16s*Alter). Die Leistungsverbesserung liegt hier stetig bei etwa eineinhalb Zehntelsekunden pro Jahr. Das Bestimmtheitsmaß für die Mittelwerte beträgt R^2=.97. Ab einem Alter von 13 Jahren stagniert die Leistung beim 20-Meter-Lauf der Mädchen. Es gibt keine relevanten Mittelwertsunterschiede zwischen den Altersgruppen. Der größte Unterschied zwischen den 14-jährigen Mädchen (MW=3,98s, SD=0,31s) und den 16- und 17-jährigen Mädchen (MW=3,86s, SD=0,26s) beträgt lediglich 3 Prozent. Für den Altersbereich 13 bis 17Jahre wird daher der durchschnittliche Mittelwert berechnet. Der Wert der 13-jährigen Mädchen wird noch über die nächstgelegenen Altersbereiche interpoliert, um einem starken Knick in der Leistungskurve entgegen zu wirken.

Die Mittelwerte zur Berechnung der Normwerte für den Test *20m-Lauf* sind in Tabelle 9.6 dargestellt.

Die Standardabweichungen zeigen insgesamt einen monoton fallenden Verlauf, wobei die Variabilität nahezu konstant bleibt. Bei den Jüngeren im Alter von 6 bis 8 Jahren beträgt die mittlere Variabilität 10 Prozent und bei den 9- bis 17-Jährigen 8 Prozent. Es gibt keine Unterschiede zwischen Jungen und Mädchen. Die geschätzte Standardabweichung SD* wird auf Basis der berechneten Durchschnittsvariabilitäten berechnet.

(i) geschätzte Standardabweichung 20m-Lauf

6 bis 8 Jahre: SDi* = 0,10 x MWi*
9 bis 17 Jahre: SDi* = 0,08 x MWi*

Tab. 9.6. *Geschätzte Mittelwerte und Standardabweichungen für die Zeit beim 20m-Lauf nach Alter und Geschlecht differenziert.*

Geschlecht	Altersgruppe	MW	MW*	N	SD	SD*
männlich	6 Jährige	4,85	4,74	77	0,41	0,47
	7 Jährige	4,73	4,63	166	0,45	0,46
	8 Jährige	4,46	4,52	194	0,43	0,45
	9 Jährige	4,30	4,40	163	0,37	0,35
	10 Jährige	4,25	4,29	820	0,32	0,34
	11 Jährige	4,13	4,18	1083	0,29	0,33
	12 Jährige	4,04	4,05	1273	0,29	0,32
	13 Jährige	3,94	3,91	1187	0,31	0,31
	14 Jährige	3,82	3,84	1601	0,32	0,31
	15 Jährige	3,71	3,72	1016	0,29	0,30
	16 Jährige	3,61	3,61	1478	0,28	0,29
	17 Jährige	3,61	3,50	1149	0,30	0,28
weiblich	6 Jährige	5,10	4,99	84	0,62	0,50
	7 Jährige	4,85	4,83	138	0,50	0,48
	8 Jährige	4,58	4,67	189	0,34	0,47
	9 Jährige	4,44	4,51	166	0,37	0,36
	10 Jährige	4,35	4,35	442	0,36	0,35
	11 Jährige	4,14	4,19	640	0,30	0,34
	12 Jährige	4,08	4,05	634	0,28	0,32
	13 Jährige	3,93	3,91	641	0,30	0,31
	14 Jährige	3,98	3,89	673	0,31	0,31
	15 Jährige	3,87		211	0,27	
	16 Jährige	3,86		673	0,26	
	17 Jährige	3,86		673	0,26	

Balancieren rückwärts

Bei 22 von 28 Zellen sind die Rohwerte ausreichend gut normal verteilt. In den vier Zellen mit signifikanter Abweichung zeigt sich allerdings auch nur eine leichte Abweichung von einer Normalverteilung (Jungen: 15 Jahre: Z=1.39, p=.04, 17 Jahre: Z=1.72, p=.01; Mädchen: 10 Jahre: Z=1.67, p=.01, 11 Jahre: Z=1.41, p=.04, 15 Jahre: Z=1.85, p=.00, 17 Jahre: Z=1.56, p=.02). Es ist daher zu erwarten, dass sich die Ergebnisse des Tests *Balancieren rückwärts* auch in der Gesamtpopulation in Form einer Normalverteilung widerspiegeln. Die Berechnungen der Normwerte erfolgen daher über eine Z-Wert-Bestimmung mittels geschätztem Mittelwert und angepasster Standardabweichung.

Die Rohwertverteilung für die Anzahl der Schritte beim *Balancieren rückwärts* zeigt bei den Jungen und Mädchen über alle Altersklassen eine quadratische Form, wobei die Leistung ab einem Alter von 11 Jahren nur noch sehr schwach ansteigt. Da kein vergleichbarer Leistungsabfall in den weiteren Lebensjahren anzunehmen ist, werden die Mittelwerte über drei lineare Regressionsberechnungen angenähert. Der Leistungszuwachs ändert sich bei den Altersstufen 8 und 11 Jahre maßgeblich. Die Leistungsfähigkeit beim *Balancieren rückwärts* wird vor allem im Kindesalter (4 bis 8 Jahre) entwickelt. Bis zu einem Alter von 11 Jahren kann man von einer merkbaren Leistungsverbesserung sprechen, wobei im Jugendalter (11 bis 17 Jahre) kaum noch Verbesserungen der Punktzahl nachzuweisen sind. Die Bestimmtheitsmaße der Mittelwerte sind bei den Jungen im Alter von 4 bis 8 Jahren R^2=.98, von 8 bis 11 Jahren R^2=.89 und von 11 bis 17 Jahren R^2=.58. Für die Mädchen liegt die Varianzaufklärung der Mittelwerte von 4 bis 8 Jahren bei R^2=.97, von 8 bis 11 Jahren bei R^2=.93 und von 11 bis 17 Jahren bei R^2=.51. Die Varianzaufklärung der Rohwerte liegt bei den Jungen bei $R^2$4-8=.35, $R^2$8-11=.06 bzw. $R^2$11-17=.01 und bei den Mädchen bei $R^2$4-8=.39, $R^2$8-11=.04 bzw. $R^2$11-17=.01. Die Werte für die Älteren sind daher so niedrig, da kaum noch eine Leistungssteigerung im Altersgang festgestellt werden kann. Da sich allerdings ein positiver Trend zeigt, werden die Mittelwerte nicht über den Gesamtmittelwert geschätzt, sondern mit einem leichten Anstieg berechnet.

Für die Jungen ergeben sich folgende Funktionsgleichungen:

4 bis 8 Jahre: MW*=4,3*Alter + 6,1

8 bis 11 Jahre: MW*=2,1*Alter + 25,0

11 bis 17 Jahre: MW*=0,5*Alter + 31,0

Für die Mädchen ergeben sich folgende Funktionsgleichungen:

4 bis 8 Jahre: MW*=4,8*Alter + 7,3

8 bis 11 Jahre: MW*=1,4*Alter + 28,4

11 bis 17 Jahre: MW*=0,3*Alter + 33,6

Die beiden errechneten Werte der 8- bzw. 11-Jährigen werden gemittelt, um einen zu starken Knick zu vermeiden.

Die Mittelwerte zur Berechung der Normwerte für den Test *Balancieren rückwärts* sind in Tabelle 9.7 dargestellt.

Die Streuung ist bei den Jungen und Mädchen altersunabhängig. Ab einem Alter von 5 Jahren können als Basis zur Normwertberechnung somit die gemittelten Standardabweichungen der einzelnen Altersstufen berechnet werden. Der Wert der 4-Jährigen weicht zwei Punkte ab und wird daher über die beiden Geschlechter gemittelt.

Tab 9.7. *Geschätzte Mittelwerte und Standardabweichungen für die Anzahl der Schritte beim Balancieren rückwärts nach Alter und Geschlecht differenziert.*

Geschlecht	Altersgruppe	MW	MW*	N	SD	SD*
männlich	4 Jährige	9,55	10,37	144	6,58	6,92
	5 Jährige	14,73	14,65	153	8,77	9,12
	6 Jährige	20,11	18,93	157	8,54	
	7 Jährige	23,84	23,21	161	9,12	
	8 Jährige	26,41	26,24	158	8,53	
	9 Jährige	29,79	29,26	152	9,47	
	10 Jährige	32,48	31,40	156	9,91	
	11 Jährige	32,63	31,68	157	8,37	
	12 Jährige	31,18	31,97	158	9,32	
	13 Jährige	32,81	32,48	172	9,04	
	14 Jährige	31,75	32,99	181	9,39	
	15 Jährige	32,68	33,51	186	9,76	
	16 Jährige	34,96	34,02	194	9,15	
	17 Jährige	34,95	34,53	172	10,28	
weiblich	4 Jährige	10,67	12,13	143	7,26	6,92
	5 Jährige	17,52	16,97	145	8,80	9,12
	6 Jährige	23,78	21,81	149	10,09	
	7 Jährige	26,92	26,66	153	9,69	
	8 Jährige	30,18	28,95	150	8,27	
	9 Jährige	30,52	31,24	147	10,43	
	10 Jährige	33,01	32,66	142	8,09	
	11 Jährige	34,09	33,50	153	9,31	
	12 Jährige	34,44	34,33	154	9,78	
	13 Jährige	34,79	34,67	156	8,82	
	14 Jährige	33,73	35,02	179	9,01	
	15 Jährige	36,10	35,36	176	8,60	
	16 Jährige	36,45	35,70	177	7,61	
	17 Jährige	35,51	36,04	178	8,86	

Rumpfbeugen

Bei 22 von 28 Zellen sind die Rohwerte normal verteilt. In den vier Zellen mit signifikanter Abweichung zeigt sich allerdings auch nur eine leichte Abweichung von einer Normalverteilung (Jungen: 4 Jahre: Z=1.95, p=.00; Mädchen: 4 Jahre: Z=1.53, p=.02, 9 bis 12 Jahre: Z=1.44 bis Z=1.75, p=.00 bis p=.03). Es ist daher zu erwarten, dass sich die Ergebnisse des Tests *Rumpfbeugen* auch in der Gesamtpopulation in Form einer Normalverteilung widerspiegeln. Die Berechnungen der Normwerte erfolgen daher über eine Z-Wert-Bestimmung mittels geschätztem Mittelwert und angepasster Standardabweichung.

Die Beweglichkeit wird allgemein als konstitutionelle Leistungsvoraussetzung verstanden (vgl. Bös, 1987). Die Testergebnisse zeigen eine Altersunabhängigkeit über den gesamten Bereich der 4- bis 17-Jährigen. Zwar wird der Alterseffekt signifikant (F=7,50; df=13, p=0,00, eta^2=0,02), allerdings ist kein Trend in der Leistungskurve zu erkennen. Aus diesen Gründen werden die geschätzten Mittelwerte über die Gesamtmittelwerte berechnet.

Der Gesamtmittelwert für die gesamte Stichprobe liegt auf der Nulllinie. Das bedeutet, die durchschnittliche Leistung der Gesamtpopulation ist es, das Fußsohlenniveau zu erreichen. Diese einfache Beurteilung der Rumpfbeugefähigkeit kann als Kriterium verwendet werden. Jungen und Mädchen unterscheiden sich signifikant (F=294,95; df=1, p=0,00, eta^2=0,06) und werden für die Basis der Normwertberechnung getrennt betrachtet.

Die Mittelwerte zur Berechnung der Normwerte für den Test *Rumpfbeugen* sind in Tabelle 9.8 dargestellt.

Die Streuung steigt im Altersgang nahezu linear an und kann mit einem Bestimmtheitsmaß von R^2=.85 über Regressionsberechnung geschätzt werden. Da sich hier keine Unterschiede zwischen den Geschlechtern zeigen, wird über die gemittelten Standardabweichungen gerechnet.

Inhaltlich lässt sich dies vor allem über die steigende Varianz des Körper-Längen-Verhältnisses erklären. Die anzunehmenden Werte werden mit steigendem Alter immer breiter, bis das Körperwachstum seinen Stillstand erreicht hat.

Tab 9.8. *Geschätzte Mittelwerte und Standardabweichungen für die Abweichungen vom Fußsohlenniveau beim Rumpfbeugen nach Alter und Geschlecht differenziert.*

Geschlecht	Altersgruppe	MW	MW*	N	SD	SD*
männlich	4 Jährige	-0,26	-2,06	139	6,45	5,38
	5 Jährige	-0,65		150	5,61	5,66
	6 Jährige	-0,38		154	5,94	5,95
	7 Jährige	-2,11		159	6,30	6,24
	8 Jährige	-2,08		157	6,26	6,53
	9 Jährige	-3,25		152	6,95	6,81
	10 Jährige	-3,01		153	7,95	7,10
	11 Jährige	-3,17		150	6,29	7,39
	12 Jährige	-3,48		158	7,15	7,68
	13 Jährige	-3,01		171	7,27	7,96
	14 Jährige	-2,13		182	7,34	8,25
	15 Jährige	-3,09		183	8,41	8,54
	16 Jährige	-2,99		194	10,28	8,83
	17 Jährige	0,74		172	8,59	9,11
weiblich	4 Jährige	2,47	1,80	138	5,33	5,38
	5 Jährige	2,40		146	5,38	5,66
	6 Jährige	2,85		146	5,73	5,95
	7 Jährige	1,40		153	6,78	6,24
	8 Jährige	2,15		146	6,19	6,53
	9 Jährige	0,85		147	6,94	6,81
	10 Jährige	-0,69		141	6,93	7,10
	11 Jährige	-0,63		153	6,73	7,39
	12 Jährige	1,44		154	7,23	7,68
	13 Jährige	0,60		155	9,04	7,96
	14 Jährige	2,97		179	8,07	8,25
	15 Jährige	22,51		175	9,16	8,54
	16 Jährige	4,54		178	9,54	8,83
	17 Jährige	2,28		178	9,04	9,11

Normwerttabellen

Normwerttabelle für 6-jährige Jungen

Q	PR	20m	LS	SU	SW	SHH	Bal	RB	6-Min	z	Z	LK
	<0,5	**6,15**	**0**	**0**	**57**	**1,0**	**0**	**-19,91**	**502**	**<-3,0**	**<70**	
	2,5	**5,68**	**1**	**2**	**75**	**5,5**	**1**	**-13,96**	**621**	**-2,0**	**80**	
	4	5,59	2	4	78	6,5	3	-12,77	645	-1,8	82	1
	6	5,49	3	5	82	7,0	4	-11,58	669	-1,6	84	
	7	**5,45**	**3**	**6**	**83**	**7,5**	**5**	**-10,99**	**681**	**-1,5**	**85**	
	8	5,40	3	7	85	8,0	6	-10,39	692	-1,4	86	
1	10	5,35	4	7	87	8,5	7	-9,80	704	-1,3	87	
	12	5,30	4	8	89	9,0	8	-9,20	716	-1,2	88	
	14	5,26	4	9	90	9,5	9	-8,61	728	-1,1	89	
	16	5,21	5	10	92	10,0	10	-8,01	740	-1,0	90	
	18	5,16	5	10	94	10,5	11	-7,42	752	-0,9	91	2
	20	**5,13**	**5**	**11**	**95**	**10,5**	**11**	**-7,00**	**760**	**-0,83**	**91,67**	
	22	5,07	6	12	97	11,5	13	-6,23	776	-0,7	93	
	24	5,07	6	12	97	11,5	13	-6,23	776	-0,7	93	
	26	5,02	6	12	99	11,5	13	-5,63	788	-0,6	94	
	28	5,02	6	12	99	11,5	13	-5,63	788	-0,6	94	
	30	**4,98**	**6**	**13**	**101**	**12,0**	**14**	**-5,04**	**800**	**-0,5**	**95**	
2	32	4,98	6	13	101	12,0	14	-5,04	800	-0,5	95	
	34	4,93	7	14	103	12,5	15	-4,44	811	-0,4	96	
	36	4,93	7	14	103	12,5	15	-4,44	811	-0,4	96	
	38	4,88	7	14	104	13,0	16	-3,85	823	-0,3	97	
	40	**4,86**	**7**	**14**	**105**	**13,0**	**16**	**-3,55**	**829**	**-0,25**	**97,5**	
	42	4,83	8	15	106	13,5	17	-3,25	835	-0,2	98	
	44	4,83	8	15	106	13,5	17	-3,25	835	-0,2	98	
	46	4,79	8	16	108	14,0	18	-2,66	847	-0,1	99	
	48	4,79	8	16	108	14,0	18	-2,66	847	-0,1	99	
	50	**4,74**	**8**	**17**	**110**	**14,5**	**19**	**-2,06**	**859**	**0,0**	**100**	3
3	52	4,69	9	17	111	15,0	20	-1,47	871	0,1	101	
	54	4,69	9	17	111	15,0	20	-1,47	871	0,1	101	
	56	4,65	9	18	113	15,5	21	-0,87	883	0,2	102	
	58	4,65	9	18	113	15,5	21	-0,87	883	0,2	102	
	60	**4,62**	**9**	**18**	**114**	**15,5**	**21**	**-0,57**	**889**	**0,25**	**102,5**	
	62	4,60	10	19	115	16,0	22	-0,28	895	0,3	103	
	64	4,55	10	19	117	16,5	23	0,32	907	0,4	104	
	66	4,55	10	19	117	16,5	23	0,32	907	0,4	104	
	68	4,51	10	20	118	16,5	23	0,92	919	0,5	105	
	70	**4,51**	**10**	**20**	**118**	**16,5**	**23**	**0,92**	**919**	**0,5**	**105**	
4	72	4,46	10	21	120	17,0	24	1,51	930	0,6	106	
	74	4,46	10	21	120	17,0	24	1,51	930	0,6	106	
	76	4,41	11	21	122	17,5	25	2,11	942	0,7	107	
	78	4,41	11	21	122	17,5	25	2,11	942	0,7	107	
	80	**4,35**	**11**	**22**	**124**	**18,0**	**26**	**2,88**	**958**	**0,83**	**108,33**	4
	82	4,32	12	23	125	18,5	27	3,30	966	0,9	109	
	84	4,27	12	24	127	19,0	28	3,89	978	1,0	110	
	86	4,22	12	24	129	19,5	29	4,49	990	1,1	111	
	88	4,18	12	25	131	20,0	30	5,08	1002	1,2	112	
	90	4,13	13	26	132	20,5	31	5,68	1014	1,3	113	
5	92	4,08	13	26	134	21,0	32	6,27	1026	1,4	114	
	93	**4,04**	**13**	**27**	**136**	**21,5**	**33**	**6,87**	**1038**	**1,5**	**115**	
	94	3,99	14	28	138	21,5	34	7,46	1049	1,6	116	
	96	3,89	14	29	141	22,5	35	8,65	1073	1,8	118	5
	97,5	**3,80**	**15**	**31**	**145**	**23,5**	**37**	**9,84**	**1097**	**2,0**	**120**	
	>99,5	**3,33**	**19**	**38**	**162**	**28,0**	**46**	**15,79**	**1216**	**>3,0**	**>130**	
M		**4,74**	**8,21**	**16,52**	**109,67**	**14,47**	**18,93**	**-2,06**	**859**	**M**		
SD		**0,47**	**3,44**	**7,02**	**17,55**	**4,54**	**9,12**	**5,95**	**119**	**SD**		
N		**77**	**153**	**77**	**157**	**156**	**157**	**154**	**69**	**N**		

© Bös/FoSS Karlsruhe/DMT 6-18

Normwerttabelle für 6-jährige Mädchen

Q	PR	20m	LS	SU	SW	SHH	Bal	RB	6-Min	z	Z	LK
1	<0,5	6,49	0	0	54	2,5	0	-16,05	463	<-3,0	<70	1
	2,5	5,99	2	1	71	7,0	4	-10,10	572	-2,0	80	
	4	5,89	3	2	74	7,5	5	-8,91	594	-1,8	82	
	6	5,79	3	3	77	8,5	7	-7,72	616	-1,6	84	
	7	5,74	4	4	79	9,0	8	-7,13	627	-1,5	85	
	8	5,69	4	4	81	9,5	9	-6,53	637	-1,4	86	2
	10	5,64	4	5	82	10,0	10	-5,94	648	-1,3	87	
	12	5,59	5	6	84	10,0	11	-5,34	659	-1,2	88	
	14	5,54	5	7	86	10,5	12	-4,75	670	-1,1	89	
	16	5,49	5	7	87	11,0	13	-4,15	681	-1,0	90	
	18	5,44	5	8	89	11,5	14	-3,56	692	-0,9	91	
	20	5,41	5	8	90	12,0	14	-3,14	700	-0,83	91,67	
2	22	5,34	6	9	92	12,5	15	-2,37	714	-0,7	93	
	24	5,34	6	9	92	12,5	15	-2,37	714	-0,7	93	
	26	5,29	7	10	94	13,0	16	-1,77	725	-0,6	94	
	28	5,29	7	10	94	13,0	16	-1,77	725	-0,6	94	
	30	5,24	7	11	96	13,0	17	-1,18	736	-0,5	95	3
	32	5,24	7	11	96	13,0	17	-1,18	736	-0,5	95	
	34	5,19	7	11	97	13,5	18	-0,58	746	-0,4	96	
	36	5,19	7	11	97	13,5	18	-0,58	746	-0,4	96	
	38	5,14	7	12	99	14,0	19	0,02	757	-0,3	97	
	40	5,12	7	12	100	14,0	19	0,31	763	-0,25	97,5	
3	42	5,09	8	13	101	14,5	20	0,61	768	-0,2	98	
	44	5,09	8	13	101	14,5	20	0,61	768	-0,2	98	
	46	5,04	8	14	102	15,0	21	1,21	779	-0,1	99	
	48	5,04	8	14	102	15,0	21	1,21	779	-0,1	99	
	50	4,99	9	14	104	15,5	22	1,80	790	0,0	100	
	52	4,94	9	15	106	15,5	23	2,40	801	0,1	101	
	54	4,94	9	15	106	15,5	23	2,40	801	0,1	101	
	56	4,89	9	16	107	16,0	24	2,99	812	0,2	102	
	58	4,89	9	16	107	16,0	24	2,99	812	0,2	102	
	60	4,87	9	16	108	16,0	24	3,29	817	0,25	102,5	
4	62	4,84	10	17	109	16,5	25	3,59	823	0,3	103	
	64	4,79	10	17	111	17,0	25	4,18	834	0,4	104	
	66	4,79	10	17	111	17,0	25	4,18	834	0,4	104	
	68	4,74	10	18	112	17,5	26	4,78	845	0,5	105	
	70	4,74	10	18	112	17,5	26	4,78	845	0,5	105	4
	72	4,69	11	18	114	18,0	27	5,37	855	0,6	106	
	74	4,69	11	18	114	18,0	27	5,37	855	0,6	106	
	76	4,64	11	19	116	18,5	28	5,97	866	0,7	107	
	78	4,64	11	19	116	18,5	28	5,97	866	0,7	107	
	80	4,58	11	20	118	19,0	29	6,74	880	0,83	108,33	
5	82	4,54	12	21	119	19,0	30	7,16	888	0,9	109	
	84	4,49	12	21	120	19,5	31	7,75	899	1,0	110	
	86	4,44	13	22	122	20,0	32	8,35	910	1,1	111	
	88	4,39	13	23	124	20,5	33	8,94	921	1,2	112	
	90	4,34	13	23	125	21,0	34	9,54	932	1,3	113	
	92	4,29	14	24	127	21,5	35	10,13	943	1,4	114	
	93	4,24	14	25	129	21,5	35	10,73	954	1,5	115	5
	94	4,19	14	25	130	22,0	36	11,32	964	1,6	116	
	96	4,09	15	27	134	23,0	38	12,51	986	1,8	118	
	97,5	3,99	16	28	137	24,0	40	13,70	1008	2,0	120	
	>99,5	3,49	19	35	154	28,0	48	19,65	1117	>3,0	>130	
M		4,99	8,81	14,25	103,87	15,32	21,81	1,80	790	M		
SD		0,50	3,36	7,02	16,62	4,26	9,12	5,95	109	SD		
N		84	146	85	149	148	149	146	77	N		

© Bös/FoSS Karlsruhe/DMT 6-18

Normwerttabelle für 7-jährige Jungen

Q	PR	20m	LS	SU	SW	SHH	Bal	RB	6-Min	z	Z	LK
	<0,5	**6,01**	**0**	**0**	**62**	**3,5**	**0**	**-20,78**	**528**	**<-3,0**	**<70**	
	2,5	**5,55**	**3**	**5**	**81**	**8,0**	**5**	**-14,54**	**653**	**-2,0**	**80**	
	4	5,46	4	6	84	9,0	7	-13,29	678	-1,8	82	1
	6	5,37	4	7	88	10,0	9	-12,04	703	-1,6	84	
	7	**5,32**	**5**	**8**	**90**	**10,5**	**10**	**-11,42**	**716**	**-1,5**	**85**	
	8	5,27	5	9	92	11,0	10	-10,80	728	-1,4	86	
1	10	5,23	5	10	94	11,5	11	-10,17	741	-1,3	87	
	12	5,18	6	10	96	12,0	12	-9,55	753	-1,2	88	
	14	5,14	6	11	98	12,5	13	-8,92	766	-1,1	89	
	16	5,09	6	12	100	13,0	14	-8,30	778	-1,0	90	
	18	5,04	6	12	102	13,5	15	-7,68	791	-0,9	91	2
	20	**5,01**	**6**	**13**	**103**	**14,0**	**16**	**-7,24**	**799**	**-0,83**	**91,67**	
	22	4,95	7	14	105	14,5	17	-6,43	816	-0,7	93	
	24	4,95	7	14	105	14,5	17	-6,43	816	-0,7	93	
	26	4,91	8	14	107	14,5	18	-5,80	828	-0,6	94	
	28	4,91	8	14	107	14,5	18	-5,80	828	-0,6	94	
	30	**4,86**	**8**	**15**	**109**	**15,0**	**19**	**-5,18**	**841**	**-0,5**	**95**	
2	32	4,86	8	15	109	15,0	19	-5,18	841	-0,5	95	
	34	4,81	8	16	111	15,5	20	-4,56	853	-0,4	96	
	36	4,81	8	16	111	15,5	20	-4,56	853	-0,4	96	
	38	4,77	8	16	113	16,0	20	-3,93	866	-0,3	97	
	40	**4,75**	**8**	**16**	**114**	**16,0**	**20**	**-3,62**	**872**	**-0,25**	**97,5**	
	42	4,72	9	17	115	16,5	21	-3,31	878	-0,2	98	
	44	4,72	9	17	115	16,5	21	-3,31	878	-0,2	98	
	46	4,68	9	18	117	17,0	22	-2,68	891	-0,1	99	
	48	4,68	9	18	117	17,0	22	-2,68	891	-0,1	99	3
	50	**4,63**	**10**	**18**	**119**	**17,5**	**23**	**-2,06**	**903**	**0,0**	**100**	
3	52	4,58	10	19	121	18,0	24	-1,44	916	0,1	101	
	54	4,58	10	19	121	18,0	24	-1,44	916	0,1	101	
	56	4,54	10	20	122	18,5	25	-0,81	928	0,2	102	
	58	4,54	10	20	122	18,5	25	-0,81	928	0,2	102	
	60	**4,52**	**10**	**20**	**123**	**18,5**	**25**	**-0,50**	**934**	**0,25**	**102,5**	
	62	4,49	11	21	124	19,0	26	-0,19	941	0,3	103	
	64	4,45	11	21	126	19,5	27	0,44	953	0,4	104	
	66	4,45	11	21	126	19,5	27	0,44	953	0,4	104	
	68	4,40	11	22	128	20,0	28	1,06	966	0,5	105	
	70	**4,40**	**11**	**22**	**128**	**20,0**	**28**	**1,06**	**966**	**0,5**	**105**	
4	72	4,35	12	23	130	20,5	29	1,68	978	0,6	106	
	74	4,35	12	23	130	20,5	29	1,68	978	0,6	106	
	76	4,31	12	23	132	21,0	30	2,31	991	0,7	107	
	78	4,31	12	23	132	21,0	30	2,31	991	0,7	107	
	80	**4,25**	**12**	**24**	**135**	**21,0**	**30**	**3,12**	**1007**	**0,83**	**108,33**	4
	82	4,22	13	25	136	21,5	31	3,56	1016	0,9	109	
	84	4,17	13	25	138	22,0	32	4,18	1028	1,0	110	
	86	4,12	14	26	140	22,5	33	4,80	1041	1,1	111	
	88	4,08	14	27	141	23,0	34	5,43	1053	1,2	112	
	90	4,03	14	27	143	23,5	35	6,05	1066	1,3	113	
5	92	3,99	15	28	145	24,0	36	6,68	1078	1,4	114	
	93	**3,94**	**15**	**29**	**147**	**24,5**	**37**	**7,30**	**1091**	**1,5**	**115**	
	94	3,89	15	29	149	25,0	38	7,92	1103	1,6	116	
	96	3,80	16	31	153	26,0	40	9,17	1128	1,8	118	5
	97,5	**3,71**	**17**	**32**	**157**	**27,0**	**41**	**10,42**	**1153**	**2,0**	**120**	
	>99,5	**3,25**	**20**	**39**	**176**	**31,5**	**48**	**16,66**	**1278**	**>3,0**	**>130**	
M		**4,63**	**9,76**	**18,42**	**118,67**	**17,5**	**23,21**	**-2,06**	**903**		**M**	
SD		**0,46**	**3,44**	**6,83**	**18,99**	**4,72**	**9,12**	**6,24**	**125**		**SD**	
N		**166**	**161**	**166**	**161**	**159**	**161**	**159**	**150**		**N**	

Normwerttabelle für 7-jährige Mädchen

Q	PR	20m	LS	SU	SW	SHH	Bal	RB	6-Min	z	Z	LK
	<0,5	**6,27**	**0**	**0**	**58**	**4,5**	**0**	**-16,92**	**486**	**<-3,0**	**<70**	
	2,5	**5,79**	**3**	**2**	**76**	**9,0**	**8**	**-10,68**	**600**	**-2,0**	**80**	
	4	5,69	3	4	80	10,0	10	-9,43	623	-1,8	82	1
	6	5,60	4	5	83	11,0	12	-8,18	646	-1,6	84	
	7	**5,55**	**4**	**6**	**85**	**11,5**	**13**	**-7,56**	**657**	**-1,5**	**85**	
1	8	5,50	5	6	87	12,0	14	-6,94	668	-1,4	86	
	10	5,45	5	7	89	12,5	15	-6,31	680	-1,3	87	
	12	5,41	5	8	91	13,0	16	-5,69	691	-1,2	88	
	14	5,36	6	9	92	13,5	17	-5,06	703	-1,1	89	
	16	5,31	6	9	94	14,0	18	-4,44	714	-1,0	90	
	18	5,26	6	10	96	14,5	18	-3,82	725	-0,9	91	2
	20	**5,23**	**6**	**10**	**97**	**14,5**	**19**	**-3,38**	**733**	**-0,83**	**91,67**	
	22	5,17	7	11	100	15,0	20	-2,57	748	-0,7	93	
	24	5,17	7	11	100	15,0	20	-2,57	748	-0,7	93	
	26	5,12	7	12	101	15,5	21	-1,94	760	-0,6	94	
	28	5,12	7	12	101	15,5	21	-1,94	760	-0,6	94	
2	**30**	**5,07**	**8**	**13**	**103**	**16,0**	**22**	**-1,32**	**771**	**-0,5**	**95**	
	32	5,07	8	13	103	16,0	22	-1,32	771	-0,5	95	
	34	5,02	8	13	105	16,5	23	-0,70	782	-0,4	96	
	36	5,02	8	13	105	16,5	23	-0,70	782	-0,4	96	
	38	4,97	8	14	107	17,0	24	-0,07	794	-0,3	97	
	40	**4,95**	**8**	**14**	**108**	**17,0**	**24**	**0,24**	**800**	**-0,25**	**97,5**	
	42	4,93	9	15	109	17,5	25	0,55	805	-0,2	98	
	44	4,93	9	15	109	17,5	25	0,55	805	-0,2	98	
	46	4,88	9	15	110	18,0	26	1,18	817	-0,1	99	
	48	4,88	9	15	110	18,0	26	1,18	817	-0,1	99	3
3	**50**	**4,83**	**9**	**16**	**112**	**18,5**	**27**	**1,80**	**828**	**0,0**	**100**	
	52	4,78	10	17	114	19,0	28	2,42	839	0,1	101	
	54	4,78	10	17	114	19,0	28	2,42	839	0,1	101	
	56	4,73	10	17	116	19,5	28	3,05	851	0,2	102	
	58	4,73	10	17	116	19,5	28	3,05	851	0,2	102	
	60	**4,71**	**10**	**17**	**117**	**19,5**	**28**	**3,36**	**857**	**0,25**	**102,5**	
	62	4,69	11	18	118	20,0	29	3,67	862	0,3	103	
	64	4,64	11	19	119	20,5	30	4,30	874	0,4	104	
	66	4,64	11	19	119	20,5	30	4,30	874	0,4	104	
	68	4,59	11	19	121	20,5	31	4,92	885	0,5	105	
4	**70**	**4,59**	**11**	**19**	**121**	**20,5**	**31**	**4,92**	**885**	**0,5**	**105**	
	72	4,54	11	20	123	21,0	32	5,54	896	0,6	106	
	74	4,54	11	20	123	21,0	32	5,54	896	0,6	106	
	76	4,49	12	21	125	21,5	33	6,17	908	0,7	107	
	78	4,49	12	21	125	21,5	33	6,17	908	0,7	107	
	80	**4,43**	**12**	**21**	**128**	**22,0**	**34**	**6,98**	**923**	**0,83**	**108,33**	4
	82	4,40	13	22	129	22,5	35	7,42	931	0,9	109	
	84	4,35	13	23	130	23,0	36	8,04	942	1,0	110	
	86	4,30	13	24	132	23,5	37	8,66	953	1,1	111	
	88	4,25	13	24	134	24,0	38	9,29	965	1,2	112	
	90	4,21	14	25	135	24,5	39	9,91	976	1,3	113	
5	92	4,16	14	26	137	25,0	39	10,54	988	1,4	114	
	93	**4,11**	**14**	**26**	**139**	**25,5**	**40**	**11,16**	**999**	**1,5**	**115**	
	94	4,06	15	27	141	26,0	41	11,78	1010	1,6	116	
	96	3,97	15	28	144	26,5	43	13,03	1033	1,8	118	5
	97,5	**3,87**	**16**	**30**	**148**	**27,5**	**45**	**14,28**	**1056**	**2,0**	**120**	
	>99,5	**3,39**	**20**	**37**	**166**	**32,0**	**48**	**20,52**	**1170**	**>3,0**	**>130**	
M		**4,83**	**9,43**	**16,02**	**112,09**	**18,41**	**26,66**	**1,80**	**828**	**M**		
SD		**0,48**	**3,36**	**6,83**	**17,94**	**4,6**	**9,12**	**6,24**	**114**	**SD**		
N		**138**	**151**	**138**	**153**	**159**	**153**	**153**	**127**	**N**		

© Bös/FoSS Karlsruhe/DMT 6-18

Normwerttabelle für 8-jährige Jungen

Q	PR	20m	LS	SU	SW	SHH	Bal	RB	6-Min	z	Z	LK
	<0,5	**5,87**	**0**	**0**	**66**	**4,0**	**0**	**-21,65**	**554**	**<-3,0**	**<70**	
	2,5	**5,42**	**3**	**7**	**87**	**9,5**	**8**	**-15,12**	**685**	**-2,0**	**80**	
	4	5,33	4	8	91	10,5	10	-13,81	711	-1,8	82	1
	6	5,24	5	10	95	11,5	12	-12,51	737	-1,6	84	
	7	**5,20**	**5**	**10**	**97**	**12,0**	**13**	**-11,86**	**751**	**-1,5**	**85**	
	8	5,15	5	11	99	13,0	13	-11,20	764	-1,4	86	
1	10	5,11	6	12	101	13,5	14	-10,55	777	-1,3	87	
	12	5,06	6	12	103	14,0	15	-9,90	790	-1,2	88	
	14	5,02	7	13	105	14,5	16	-9,24	803	-1,1	89	
	16	4,97	7	14	107	15,0	17	-8,59	816	-1,0	90	
	18	4,93	7	14	109	15,5	18	-7,94	829	-0,9	91	2
	20	**4,89**	**7**	**15**	**111**	**16,0**	**19**	**-7,48**	**838**	**-0,83**	**91,67**	
	22	4,84	8	16	113	16,5	20	-6,63	855	-0,7	93	
	24	4,84	8	16	113	16,5	20	-6,63	855	-0,7	93	
	26	4,79	8	16	115	17,0	21	-5,98	868	-0,6	94	
	28	4,79	8	16	115	17,0	21	-5,98	868	-0,6	94	
	30	**4,75**	**9**	**17**	**117**	**18,0**	**22**	**-5,33**	**882**	**-0,5**	**95**	
2	32	4,75	9	17	117	18,0	22	-5,33	882	-0,5	95	
	34	4,70	9	18	119	18,5	23	-4,67	895	-0,4	96	
	36	4,70	9	18	119	18,5	23	-4,67	895	-0,4	96	
	38	4,66	9	18	122	19,0	23	-4,02	908	-0,3	97	
	40	**4,63**	**9**	**18**	**123**	**19,0**	**23**	**-3,69**	**914**	**-0,25**	**97,5**	
	42	4,61	10	19	124	19,5	24	-3,37	921	-0,2	98	
	44	4,61	10	19	124	19,5	24	-3,37	921	-0,2	98	
	46	4,57	10	20	126	20,0	25	-2,71	934	-0,1	99	
	48	4,57	10	20	126	20,0	25	-2,71	934	-0,1	99	
	50	**4,52**	**10**	**20**	**128**	**20,5**	**26**	**-2,06**	**947**	**0,0**	**100**	3
3	52	4,48	11	21	130	21,0	27	-1,41	960	0,1	101	
	54	4,48	11	21	130	21,0	27	-1,41	960	0,1	101	
	56	4,43	11	22	132	21,5	28	-0,75	973	0,2	102	
	58	4,43	11	22	132	21,5	28	-0,75	973	0,2	102	
	60	**4,41**	**11**	**22**	**133**	**21,5**	**28**	**-0,43**	**980**	**0,25**	**102,5**	
	62	4,39	12	23	134	22,0	29	-0,10	986	0,3	103	
	64	4,34	12	23	136	22,5	30	0,55	999	0,4	104	
	66	4,34	12	23	136	22,5	30	0,55	999	0,4	104	
	68	4,30	12	24	138	23,5	31	1,21	1013	0,5	105	
	70	**4,30**	**12**	**24**	**138**	**23,5**	**31**	**1,21**	**1013**	**0,5**	**105**	
4	72	4,25	12	24	140	24,0	32	1,86	1026	0,6	106	
	74	4,25	12	24	140	24,0	32	1,86	1026	0,6	106	
	76	4,21	13	25	142	24,5	33	2,51	1039	0,7	107	
	78	4,21	13	25	142	24,5	33	2,51	1039	0,7	107	
	80	**4,15**	**13**	**26**	**145**	**25,0**	**33**	**3,36**	**1056**	**0,83**	**108,33**	4
	82	4,12	14	27	146	25,5	34	3,82	1065	0,9	109	
	84	4,07	14	27	148	26,0	35	4,47	1078	1,0	110	
	86	4,03	14	28	150	26,5	36	5,12	1091	1,1	111	
	88	3,98	14	28	152	27,0	37	5,78	1104	1,2	112	
	90	3,94	15	29	154	27,5	38	6,43	1117	1,3	113	
5	92	3,89	15	30	156	28,5	39	7,08	1130	1,4	114	
	93	**3,85**	**15**	**30**	**158**	**29,0**	**40**	**7,74**	**1144**	**1,5**	**115**	
	94	3,80	16	31	160	29,5	41	8,39	1157	1,6	116	
	96	3,71	16	32	164	30,5	43	9,69	1183	1,8	118	5
	97,5	**3,62**	**17**	**34**	**169**	**31,5**	**44**	**11,00**	**1209**	**2,0**	**120**	
	>99,5	**3,17**	**21**	**40**	**189**	**37,0**	**48**	**17,53**	**1340**	**>3,0**	**>130**	
M		**4,52**	**10,30**	**20,32**	**127,67**	**20,53**	**26,24**	**-2,06**	**947**	**M**		
SD		**0,45**	**3,44**	**6,63**	**20,43**	**5,54**	**9,12**	**6,53**	**131**	**SD**		
N		**194**	**157**	**194**	**158**	**157**	**158**	**157**	**182**	**N**		

Normwerttabelle für 8-jährige Mädchen

Q	PR	20m	LS	SU	SW	SHH	Bal	RB	6-Min	z	Z	LK
	<0,5	**6,08**	**0**	**0**	**63**	**5,5**	**2**	**-17,79**	**509**	**<-3,0**	**<70**	
	2,5	**5,61**	**3**	**5**	**82**	**11,0**	**11**	**-11,26**	**628**	**-2,0**	**80**	
	4	5,52	4	6	86	12,0	13	-9,95	652	-1,8	82	1
	6	5,42	5	7	90	13,0	14	-8,65	676	-1,6	84	
	7	**5,38**	**5**	**8**	**91**	**13,5**	**15**	**-8,00**	**688**	**-1,5**	**85**	
1	8	5,33	5	9	93	14,0	16	-7,34	699	-1,4	86	
	10	5,28	6	9	95	14,5	17	-6,69	711	-1,3	87	
	12	5,23	6	10	97	15,0	18	-6,04	723	-1,2	88	
	14	5,19	6	11	99	15,5	19	-5,38	735	-1,1	89	
	16	5,14	7	11	101	16,0	20	-4,73	747	-1,0	90	
	18	5,09	7	12	103	16,5	21	-4,08	759	-0,9	91	2
	20	**5,06**	**7**	**12**	**106**	**17,0**	**21**	**-3,62**	**767**	**-0,83**	**91,67**	
	22	5,00	8	13	107	17,5	23	-2,77	783	-0,7	93	
	24	5,00	8	13	107	17,5	23	-2,77	783	-0,7	93	
	26	4,95	8	14	109	18,5	23	-2,12	795	-0,6	94	
	28	4,95	8	14	109	18,5	23	-2,12	795	-0,6	94	
2	**30**	**4,91**	**8**	**14**	**111**	**19,0**	**24**	**-1,47**	**807**	**-0,5**	**95**	
	32	4,91	8	14	111	19,0	24	-1,47	807	-0,5	95	
	34	4,86	9	15	113	19,5	25	-0,81	818	-0,4	96	
	36	4,86	9	15	113	19,5	25	-0,81	818	-0,4	96	
	38	4,81	9	15	115	20,0	26	-0,16	830	-0,3	97	
	40	**4,79**	**9**	**15**	**117**	**20,0**	**26**	**0,17**	**836**	**-0,25**	**97,5**	
	42	4,76	10	16	118	20,5	27	0,49	842	-0,2	98	
	44	4,76	10	16	118	20,5	27	0,49	842	-0,2	98	
	46	4,72	10	17	118	21,0	28	1,15	854	-0,1	99	
	48	4,72	10	17	118	21,0	28	1,15	854	-0,1	99	
3	**50**	**4,67**	**10**	**18**	**120**	**21,5**	**29**	**1,80**	**866**	**0,0**	**100**	3
	52	4,62	10	18	122	22,0	30	2,45	878	0,1	101	
	54	4,62	10	18	122	22,0	30	2,45	878	0,1	101	
	56	4,58	10	19	124	22,5	31	3,11	890	0,2	102	
	58	4,58	10	19	124	22,5	31	3,11	890	0,2	102	
	60	**4,55**	**10**	**19**	**125**	**22,5**	**31**	**3,43**	**896**	**0,25**	**102,5**	
	62	4,53	11	20	126	23,0	32	3,76	902	0,3	103	
	64	4,48	11	20	128	23,5	33	4,41	914	0,4	104	
	66	4,48	11	20	128	23,5	33	4,41	914	0,4	104	
	68	4,44	12	21	130	24,0	34	5,07	926	0,5	105	
4	**70**	**4,44**	**12**	**21**	**130**	**24,0**	**34**	**5,07**	**926**	**0,5**	**105**	
	72	4,39	12	22	132	24,5	34	5,72	937	0,6	106	
	74	4,39	12	22	132	24,5	34	5,72	937	0,6	106	
	76	4,34	12	22	134	25,0	35	6,37	949	0,7	107	
	78	4,34	12	22	134	25,0	35	6,37	949	0,7	107	
	80	**4,28**	**12**	**23**	**136**	**26,0**	**36**	**7,22**	**965**	**0,83**	**108,33**	
	82	4,25	13	24	138	26,5	37	7,68	973	0,9	109	4
	84	4,20	13	24	140	27,0	38	8,33	985	1,0	110	
	86	4,15	14	25	141	27,5	39	8,98	997	1,1	111	
	88	4,11	14	26	143	28,0	40	9,64	1009	1,2	112	
	90	4,06	14	26	145	28,5	41	10,29	1021	1,3	113	
5	92	4,01	15	27	147	29,0	42	10,94	1033	1,4	114	
	93	**3,97**	**15**	**28**	**149**	**29,5**	**43**	**11,60**	**1045**	**1,5**	**115**	
	94	3,92	15	28	151	30,0	44	12,25	1056	1,6	116	
	96	3,82	16	30	155	31,0	45	13,55	1080	1,8	118	5
	97,5	**3,73**	**17**	**31**	**159**	**32,0**	**48**	**14,86**	**1104**	**2,0**	**120**	
	>99,5	**3,26**	**20**	**38**	**178**	**37,5**		**21,39**	**1223**	**>3,0**	**>130**	
M		**4,67**	**10,04**	**17,80**	**120,32**	**21,49**	**28,95**	**1,80**	**866**	**M**		
SD		**0,47**	**3,36**	**6,63**	**19,25**	**5,37**	**9,12**	**6,53**	**119**	**SD**		
N		**189**	**150**	**189**	**151**	**149**	**150**	**146**	**179**	**N**		

© Bös/FoSS Karlsruhe/DMT 6-18

Normwerttabelle für 9-jährige Jungen

Q	PR	20m	LS	SU	SW	SHH	Bal	RB	6-Min	z	Z	LK
	<0,5	**5,45**	**1**	**3**	**71**	**4,5**	**2**	**-22,49**	**577**	**<-3,0**	**<70**	
	2,5	**5,10**	**4**	**9**	**93**	**11,0**	**11**	**-15,68**	**715**	**-2,0**	**80**	
	4	5,03	5	11	97	12,0	13	-14,32	743	-1,8	82	1
	6	4,96	5	12	102	13,5	15	-12,96	770	-1,6	84	
	7	**4,93**	**6**	**13**	**104**	**14,0**	**16**	**-12,28**	**784**	**-1,5**	**85**	
1	8	4,89	6	13	106	14,5	16	-11,59	798	-1,4	86	
	10	4,86	6	14	108	15,5	17	-10,91	812	-1,3	87	
	12	4,82	7	14	110	16,0	18	-10,23	825	-1,2	88	
	14	4,79	7	15	113	16,5	19	-9,55	839	-1,1	89	
	16	4,75	7	16	115	17,0	20	-8,87	853	-1,0	90	
	18	4,72	7	16	117	18,0	21	-8,19	867	-0,9	91	2
	20	**4,69**	**7**	**17**	**119**	**18,5**	**22**	**-7,71**	**876**	**-0,83**	**91,67**	
	22	4,65	8	18	121	19,0	23	-6,83	894	-0,7	93	
	24	4,65	8	18	121	19,0	23	-6,83	894	-0,7	93	
	26	4,61	9	18	124	19,5	24	-6,15	908	-0,6	94	
	28	4,61	9	18	124	19,5	24	-6,15	908	-0,6	94	
2	**30**	**4,58**	**9**	**19**	**126**	**20,5**	**25**	**-5,47**	**922**	**-0,5**	**95**	
	32	4,58	9	19	126	20,5	25	-5,47	922	-0,5	95	
	34	4,54	9	20	128	21,0	26	-4,78	936	-0,4	96	
	36	4,54	9	20	128	21,0	26	-4,78	936	-0,4	96	
	38	4,51	9	20	130	21,5	26	-4,10	950	-0,3	97	
	40	**4,49**	**9**	**20**	**131**	**22,0**	**26**	**-3,76**	**957**	**-0,25**	**97,5**	
	42	4,47	10	21	132	22,5	27	-3,42	963	-0,2	98	
	44	4,47	10	21	132	22,5	27	-3,42	963	-0,2	98	
	46	4,44	10	22	134	23,0	28	-2,74	977	-0,1	99	
	48	4,44	10	22	134	23,0	28	-2,74	977	-0,1	99	3
3	**50**	**4,40**	**11**	**22**	**137**	**23,5**	**29**	**-2,06**	**991**	**0,0**	**100**	
	52	4,37	11	23	139	24,0	30	-1,38	1005	0,1	101	
	54	4,37	11	23	139	24,0	30	-1,38	1005	0,1	101	
	56	4,33	11	24	141	25,0	31	-0,70	1019	0,2	102	
	58	4,33	11	24	141	25,0	31	-0,70	1019	0,2	102	
	60	**4,31**	**11**	**24**	**142**	**25,0**	**31**	**-0,36**	**1026**	**0,25**	**102,5**	
	62	4,30	12	25	143	25,5	32	-0,02	1032	0,3	103	
	64	4,26	12	25	145	26,0	33	0,66	1046	0,4	104	
	66	4,26	12	25	145	26,0	33	0,66	1046	0,4	104	
	68	4,23	13	25	148	26,5	34	1,35	1060	0,5	105	
4	**70**	**4,23**	**13**	**25**	**148**	**26,5**	**34**	**1,35**	**1060**	**0,5**	**105**	
	72	4,19	13	26	150	27,5	35	2,03	1074	0,6	106	
	74	4,19	13	26	150	27,5	35	2,03	1074	0,6	106	
	76	4,16	13	27	152	28,0	36	2,71	1088	0,7	107	
	78	4,16	13	27	152	28,0	36	2,71	1088	0,7	107	
	80	**4,11**	**13**	**28**	**155**	**29,0**	**36**	**3,59**	**1106**	**0,83**	**108,33**	4
	82	4,09	14	29	156	29,5	37	4,07	1115	0,9	109	
	84	4,05	14	29	159	30,0	38	4,75	1129	1,0	110	
	86	4,02	15	29	161	30,5	39	5,43	1143	1,1	111	
	88	3,98	15	30	163	31,0	40	6,11	1157	1,2	112	
	90	3,95	15	31	165	32,0	41	6,79	1170	1,3	113	
5	92	3,91	16	31	167	32,5	42	7,47	1184	1,4	114	
	93	**3,88**	**16**	**32**	**169**	**33,0**	**43**	**8,16**	**1198**	**1,5**	**115**	
	94	3,84	16	33	172	33,5	44	8,84	1212	1,6	116	
	96	3,77	17	34	176	35,0	46	10,20	1239	1,8	118	5
	97,5	**3,70**	**18**	**35**	**180**	**36,5**	**48**	**11,56**	**1267**	**2,0**	**120**	
	>99,5	**3,35**	**21**	**42**	**202**	**42,5**		**18,37**	**1405**	**>3,0**	**>130**	
M		**4,40**	**10,84**	**22,22**	**136,67**	**23,56**	**29,26**	**-2,06**	**991**	**M**		
SD		**0,35**	**3,44**	**6,44**	**21,87**	**6,36**	**9,12**	**6,81**	**138**	**SD**		
N		**163**	**152**	**163**	**152**	**151**	**152**	**152**	**159**	**N**		

Normwerttabelle für 9-jährige Mädchen

Q	PR	20m	LS	SU	SW	SHH	Bal	RB	6-Min	z	Z	LK
	<0,5	**5,59**	**1**	**0**	**67**	**8,5**	**4**	**-18,63**	**532**	**<-3,0**	**<70**	
	2,5	**5,23**	**4**	**7**	**87**	**13,5**	**13**	**-11,82**	**656**	**-2,0**	**80**	
	4	5,16	5	8	92	15,0	15	-10,46	681	-1,8	82	**1**
	6	5,09	5	9	96	16,0	17	-9,10	706	-1,6	84	
	7	**5,05**	**6**	**10**	**98**	**16,5**	**18**	**-8,42**	**718**	**-1,5**	**85**	
1	8	5,01	6	11	100	17,0	18	-7,73	730	-1,4	86	
	10	4,98	6	11	102	17,5	19	-7,05	743	-1,3	87	
	12	4,94	7	12	104	18,0	20	-6,37	755	-1,2	88	
	14	4,91	7	12	106	18,5	21	-5,69	768	-1,1	89	
	16	4,87	7	13	108	19,0	22	-5,01	780	-1,0	90	
	18	4,83	7	14	110	19,0	23	-4,33	792	-0,9	91	**2**
	20	**4,81**	**7**	**14**	**111**	**19,0**	**24**	**-3,85**	**801**	**-0,83**	**91,67**	
	22	4,76	8	15	114	21,0	25	-2,97	817	-0,7	93	
	24	4,76	8	15	114	21,0	25	-2,97	817	-0,7	93	
	26	4,73	9	16	116	21,5	26	-2,29	830	-0,6	94	
	28	4,73	9	16	116	21,5	26	-2,29	830	-0,6	94	
2	**30**	**4,69**	**9**	**16**	**118**	**22,0**	**27**	**-1,61**	**842**	**-0,5**	**95**	
	32	4,69	9	16	118	22,0	27	-1,61	842	-0,5	95	
	34	4,65	9	17	120	22,5	28	-0,92	854	-0,4	96	
	36	4,65	9	17	120	22,5	28	-0,92	854	-0,4	96	
	38	4,62	9	17	122	23,0	28	-0,24	867	-0,3	97	
	40	**4,60**	**9**	**17**	**123**	**23,0**	**28**	**0,10**	**873**	**-0,25**	**97,5**	
	42	4,58	10	18	124	23,5	29	0,44	879	-0,2	98	
	44	4,58	10	18	124	23,5	29	0,44	879	-0,2	98	
	46	4,55	10	19	126	24,0	30	1,12	892	-0,1	99	
	48	4,55	10	19	126	24,0	30	1,12	892	-0,1	99	
3	**50**	**4,51**	**11**	**20**	**129**	**24,5**	**31**	**1,80**	**904**	**0,0**	**100**	**3**
	52	4,47	11	20	131	25,0	32	2,48	916	0,1	101	
	54	4,47	11	20	131	25,0	32	2,48	916	0,1	101	
	56	4,44	11	21	133	25,5	33	3,16	929	0,2	102	
	58	4,44	11	21	133	25,5	33	3,16	929	0,2	102	
	60	**4,42**	**12**	**21**	**134**	**26,0**	**33**	**3,50**	**935**	**0,25**	**102,5**	
	62	4,40	12	22	135	26,5	34	3,84	941	0,3	103	
	64	4,37	12	22	137	26,5	35	4,52	954	0,4	104	
	66	4,37	12	22	137	26,5	35	4,52	954	0,4	104	
	68	4,33	12	23	139	27,5	36	5,21	966	0,5	105	
4	**70**	**4,33**	**12**	**23**	**139**	**27,5**	**36**	**5,21**	**966**	**0,5**	**105**	
	72	4,29	13	23	141	28,0	37	5,89	978	0,6	106	
	74	4,29	13	23	141	28,0	37	5,89	978	0,6	106	
	76	4,26	13	24	143	28,5	38	6,57	991	0,7	107	
	78	4,26	13	24	143	28,5	38	6,57	991	0,7	107	
	80	**4,21**	**13**	**24**	**146**	**29,0**	**38**	**7,45**	**1007**	**0,83**	**108,33**	**4**
	82	4,19	14	25	147	29,5	39	7,93	1016	0,9	109	
	84	4,15	14	26	149	30,0	40	8,61	1028	1,0	110	
	86	4,11	14	27	151	30,5	41	9,29	1040	1,1	111	
	88	4,08	15	27	153	31,0	42	9,97	1053	1,2	112	
	90	4,04	15	28	155	31,5	43	10,65	1065	1,3	113	
5	92	4,01	15	29	157	32,0	44	11,33	1078	1,4	114	
	93	**3,97**	**16**	**29**	**159**	**32,5**	**45**	**12,02**	**1090**	**1,5**	**115**	
	94	3,93	16	30	161	33,5	46	12,70	1102	1,6	116	
	96	3,86	17	31	166	34,5	48	14,06	1127	1,8	118	**5**
	97,5	**3,79**	**17**	**32**	**170**	**35,5**		**15,42**	**1152**	**2,0**	**120**	
	>99,5	**3,43**	**21**	**39**	**190**	**41,0**		**22,23**	**1276**	**>3,0**	**>130**	
M		**4,51**	**10,66**	**19,58**	**128,54**	**24,58**	**31,24**	**1,80**	**904**		**M**	
SD		**0,36**	**3,36**	**6,44**	**20,57**	**5,42**	**9,12**	**6,81**	**124**		**SD**	
N		**166**	**147**	**163**	**147**	**146**	**147**	**147**	**161**		**N**	

© Bös/FoSS Karlsruhe/DMT 6-18

Normwerttabelle für 10-jährige Jungen

Q	PR	20m	LS	SU	SW	SHH	Bal	RB	6-Min	z	Z	LK
1	**<0,5**	**5,31**	**1**	**5**	**76**	**7,5**	**3**	**-23,36**	**604**	**<-3,0**	**<70**	1
	2,5	**4,97**	**5**	**12**	**99**	**14,0**	**12**	**-16,26**	**748**	**-2,0**	**80**	
	4	4,90	5	13	104	15,0	14	-14,84	777	-1,8	82	
	6	4,83	6	14	108	16,5	16	-13,42	806	-1,6	84	
	7	**4,80**	**6**	**15**	**111**	**17,0**	**17**	**-12,71**	**820**	**-1,5**	**85**	
	8	4,77	7	15	113	17,5	18	-12,00	834	-1,4	86	2
	10	4,73	7	16	115	18,5	19	-11,29	849	-1,3	87	
	12	4,70	7	17	118	19,0	19	-10,58	863	-1,2	88	
	14	4,66	8	17	120	19,5	20	-9,87	878	-1,1	89	
	16	4,63	8	18	122	20,0	21	-9,16	892	-1,0	90	
	18	4,60	8	18	125	21,0	22	-8,45	906	-0,9	91	
	20	**4,57**	**8**	**19**	**126**	**21,5**	**23**	**-7,95**	**916**	**-0,83**	**91,67**	
2	22	4,53	9	20	129	22,0	24	-7,03	935	-0,7	93	
	24	4,53	9	20	129	22,0	24	-7,03	935	-0,7	93	
	26	4,49	9	20	132	23,0	25	-6,32	950	-0,6	94	
	28	4,49	9	20	132	23,0	25	-6,32	950	-0,6	94	
	30	**4,46**	**10**	**21**	**134**	**23,5**	**26**	**-5,61**	**964**	**-0,5**	**95**	3
	32	4,46	10	21	134	23,5	26	-5,61	964	-0,5	95	
	34	4,43	10	22	136	24,0	27	-4,90	978	-0,4	96	
	36	4,43	10	22	136	24,0	27	-4,90	978	-0,4	96	
	38	4,39	10	22	139	24,5	28	-4,19	993	-0,3	97	
	40	**4,38**	**10**	**22**	**140**	**25,0**	**28**	**-3,84**	**1000**	**-0,25**	**97,5**	
3	42	4,36	11	23	141	25,5	29	-3,48	1007	-0,2	98	
	44	4,36	11	23	141	25,5	29	-3,48	1007	-0,2	98	
	46	4,32	11	23	143	26,0	29	-2,77	1022	-0,1	99	
	48	4,32	11	23	143	26,0	29	-2,77	1022	-0,1	99	
	50	**4,29**	**11**	**24**	**146**	**26,5**	**30**	**-2,06**	**1036**	**0,0**	**100**	
	52	4,26	12	25	148	27,0	31	-1,35	1050	0,1	101	
	54	4,26	12	25	148	27,0	31	-1,35	1050	0,1	101	
	56	4,22	12	25	150	28,0	32	-0,64	1065	0,2	102	
	58	4,22	12	25	150	28,0	32	-0,64	1065	0,2	102	
	60	**4,21**	**12**	**26**	**151**	**28,0**	**32**	**-0,29**	**1072**	**0,25**	**102,5**	
4	62	4,19	13	27	153	28,5	33	0,07	1079	0,3	103	
	64	4,15	13	27	155	29,0	34	0,78	1094	0,4	104	
	66	4,15	13	27	155	29,0	34	0,78	1094	0,4	104	
	68	4,12	13	27	157	30,0	35	1,49	1108	0,5	105	
	70	**4,12**	**13**	**27**	**157**	**30,0**	**35**	**1,49**	**1108**	**0,5**	**105**	4
	72	4,09	13	28	160	30,5	36	2,20	1122	0,6	106	
	74	4,09	13	28	160	30,5	36	2,20	1122	0,6	106	
	76	4,05	14	28	162	31,0	37	2,91	1137	0,7	107	
	78	4,05	14	28	162	31,0	37	2,91	1137	0,7	107	
	80	**4,01**	**14**	**29**	**165**	**32,0**	**38**	**3,83**	**1156**	**0,83**	**108,33**	
5	82	3,98	15	30	167	32,5	39	4,33	1166	0,9	109	
	84	3,95	15	30	169	33,0	39	5,04	1180	1,0	110	
	86	3,92	15	31	171	33,5	40	5,75	1194	1,1	111	
	88	3,88	16	32	174	34,0	41	6,46	1209	1,2	112	
	90	3,85	16	32	176	35,0	42	7,17	1223	1,3	113	
	92	3,81	16	33	178	35,5	43	7,88	1238	1,4	114	
	93	**3,78**	**17**	**33**	**181**	**36,0**	**44**	**8,59**	**1252**	**1,5**	**115**	5
	94	3,75	17	34	183	37,0	45	9,30	1266	1,6	116	
	96	3,68	18	35	188	38,0	47	10,72	1295	1,8	118	
	97,5	**3,61**	**18**	**37**	**192**	**39,5**	**48**	**12,14**	**1324**	**2,0**	**120**	
	>99,5	**3,27**	**22**	**43**	**216**	**45,5**		**19,24**	**1468**	**>3,0**	**>130**	
M		**4,29**	**11,39**	**24,12**	**145,67**	**26,59**	**30,36**	**-2,06**	**1036**	**M**		
SD		**0,34**	**3,44**	**6,25**	**23,31**	**6,37**	**9,12**	**7,10**	**144**	**SD**		
N		**820**	**157**	**11588**	**156**	**154**	**156**	**153**	**1034**	**N**		

Normwerttabelle für 10-jährige Mädchen

Q	PR	20m	LS	SU	SW	SHH	Bal	RB	6-Min	z	Z	LK
	<0,5	**5,40**	**1**	**3**	**71**	**11,5**	**5**	**-19,50**	**555**	**<-3,0**	**<70**	
	2,5	**5,05**	**5**	**9**	**93**	**16,5**	**14**	**-12,40**	**684**	**-2,0**	**80**	
	4	4,98	5	10	97	18,0	16	-10,98	710	-1,8	82	1
	6	4,91	6	11	102	19,0	18	-9,56	736	-1,6	84	
	7	**4,88**	**6**	**12**	**104**	**19,5**	**19**	**-8,85**	**749**	**-1,5**	**85**	
1	8	4,84	7	13	106	20,0	20	-8,14	761	-1,4	86	
	10	4,81	7	13	108	20,5	21	-7,43	774	-1,3	87	
	12	4,77	7	14	111	21,0	22	-6,72	787	-1,2	88	
	14	4,74	8	14	113	21,5	23	-6,01	800	-1,1	89	
	16	4,70	8	15	115	22,0	24	-5,30	813	-1,0	90	
	18	4,67	8	16	117	22,5	24	-4,59	826	-0,9	91	2
	20	**4,64**	**8**	**16**	**119**	**22,5**	**25**	**-4,09**	**835**	**-0,83**	**91,67**	
	22	4,60	9	17	121	24,0	26	-3,17	852	-0,7	93	
	24	4,60	9	17	121	24,0	26	-3,17	852	-0,7	93	
	26	4,56	9	18	124	24,5	27	-2,46	865	-0,6	94	
	28	4,56	9	18	124	24,5	27	-2,46	865	-0,6	94	
2	**30**	**4,53**	**10**	**18**	**126**	**25,0**	**28**	**-1,75**	**878**	**-0,5**	**95**	
	32	4,53	10	18	126	25,0	28	-1,75	878	-0,5	95	
	34	4,49	10	19	128	25,5	29	-1,04	890	-0,4	96	
	36	4,49	10	19	128	25,5	29	-1,04	890	-0,4	96	
	38	4,46	10	19	130	26,0	30	-0,33	903	-0,3	97	
	40	**4,44**	**10**	**19**	**131**	**26,0**	**30**	**0,03**	**910**	**-0,25**	**97,5**	
	42	4,42	11	20	132	26,5	31	0,38	916	-0,2	98	
	44	4,42	11	20	132	26,5	31	0,38	916	-0,2	98	
	46	4,39	11	21	135	27,0	32	1,09	929	-0,1	99	
	48	4,39	11	21	135	27,0	32	1,09	929	-0,1	99	
3	**50**	**4,35**	**11**	**21**	**137**	**27,5**	**33**	**1,80**	**942**	**0,0**	**100**	3
	52	4,32	12	22	139	28,0	34	2,51	955	0,1	101	
	54	4,32	12	22	139	28,0	34	2,51	955	0,1	101	
	56	4,28	12	23	141	29,0	34	3,22	968	0,2	102	
	58	4,28	12	23	141	29,0	34	3,22	968	0,2	102	
	60	**4,26**	**12**	**23**	**142**	**29,0**	**34**	**3,58**	**974**	**0,25**	**102,5**	
	62	4,25	13	24	143	29,5	35	3,93	981	0,3	103	
	64	4,21	13	24	146	30,0	36	4,64	994	0,4	104	
	66	4,21	13	24	146	30,0	36	4,64	994	0,4	104	
	68	4,18	13	24	148	30,5	37	5,35	1007	0,5	105	
4	**70**	**4,18**	**13**	**24**	**148**	**30,5**	**37**	**5,35**	**1007**	**0,5**	**105**	
	72	4,14	13	25	150	31,0	38	6,06	1019	0,6	106	
	74	4,14	13	25	150	31,0	38	6,06	1019	0,6	106	
	76	4,11	14	26	152	31,5	39	6,77	1032	0,7	107	
	78	4,11	14	26	152	31,5	39	6,77	1032	0,7	107	
	80	**4,06**	**14**	**26**	**154**	**32,0**	**40**	**7,69**	**1049**	**0,83**	**108,33**	
	82	4,04	15	27	156	32,5	41	8,19	1058	0,9	109	4
	84	4,00	15	28	159	33,0	42	8,90	1071	1,0	110	
	86	3,97	15	28	161	33,5	43	9,61	1084	1,1	111	
	88	3,93	15	29	163	34,0	44	10,32	1097	1,2	112	
	90	3,90	16	29	165	35,0	45	11,03	1110	1,3	113	
5	92	3,86	16	30	167	35,5	45	11,74	1123	1,4	114	
	93	**3,83**	**16**	**31**	**170**	**36,0**	**46**	**12,45**	**1136**	**1,5**	**115**	
	94	3,79	17	31	172	36,5	47	13,16	1148	1,6	116	
	96	3,72	17	33	176	37,5	48	14,58	1174	1,8	118	5
	97,5	**3,65**	**18**	**34**	**181**	**38,5**		**16,00**	**1200**	**2,0**	**120**	
	>99,5	**3,30**	**21**	**40**	**202**	**44,0**		**23,10**	**1329**	**>3,0**	**>130**	
M		**4,35**	**11,27**	**21,35**	**136,76**	**27,66**	**32,66**	**1,80**	**942**	**M**		
SD		**0,35**	**3,36**	**6,25**	**21,88**	**5,46**	**9,12**	**7,10**	**129**	**SD**		
N		**442**	**140**	**10376**	**140**	**139**	**142**	**141**	**892**	**N**		

© Bös/FoSS Karlsruhe/DMT 6-18

Normwerttabelle für 11-jährige Jungen

Q	PR	20m	LS	SU	SW	SHH	Bal	RB	6-Min	z	Z	LK
	<0,5	**5,17**	**2**	**8**	**94**	**10,5**	**4**	**-24,23**	**630**	**<-3,0**	**<70**	
	2,5	**4,84**	**5**	**14**	**114**	**17,0**	**13**	**-16,84**	**780**	**-2,0**	**80**	
	4	4,77	6	15	118	18,0	15	-15,36	810	-1,8	82	1
	6	4,71	6	16	123	19,5	17	-13,88	840	-1,6	84	
	7	**4,68**	**7**	**17**	**125**	**20,0**	**18**	**-13,15**	**855**	**-1,5**	**85**	
	8	4,64	7	18	127	20,5	19	-12,41	870	-1,4	86	
1	10	4,61	7	18	129	21,5	20	-11,67	885	-1,3	87	
	12	4,58	8	19	131	22,0	21	-10,93	900	-1,2	88	
	14	4,54	8	19	133	22,5	21	-10,19	915	-1,1	89	
	16	4,51	8	20	135	23,0	22	-9,45	930	-1,0	90	
	18	4,48	8	21	137	24,0	23	-8,71	945	-0,9	91	2
	20	**4,45**	**8**	**21**	**138**	**24,5**	**24**	**-8,19**	**956**	**-0,83**	**91,67**	
	22	4,41	10	22	141	25,0	25	-7,23	975	-0,7	93	
	24	4,41	10	22	141	25,0	25	-7,23	975	-0,7	93	
	26	4,38	10	22	143	26,0	26	-6,49	990	-0,6	94	
	28	4,38	10	22	143	26,0	26	-6,49	990	-0,6	94	
	30	**4,35**	**10**	**23**	**145**	**26,5**	**27**	**-5,76**	**1005**	**-0,5**	**95**	
2	32	4,35	10	23	145	26,5	27	-5,76	1005	-0,5	95	
	34	4,31	10	24	147	27,0	28	-5,02	1020	-0,4	96	
	36	4,31	10	24	147	27,0	28	-5,02	1020	-0,4	96	
	38	4,28	10	24	149	27,5	29	-4,28	1035	-0,3	97	
	40	**4,26**	**10**	**24**	**150**	**28,0**	**29**	**-3,91**	**1043**	**-0,25**	**97,5**	
	42	4,25	11	25	151	28,5	30	-3,54	1050	-0,2	98	
	44	4,25	11	25	151	28,5	30	-3,54	1050	-0,2	98	
	46	4,21	12	25	153	29,0	31	-2,80	1065	-0,1	99	
	48	4,21	12	25	153	29,0	31	-2,80	1065	-0,1	99	3
	50	**4,18**	**12**	**26**	**155**	**29,5**	**31**	**-2,06**	**1080**	**0,0**	**100**	
3	52	4,15	12	27	157	30,5	32	-1,32	1095	0,1	101	
	54	4,15	12	27	157	30,5	32	-1,32	1095	0,1	101	
	56	4,11	12	27	159	31,0	33	-0,58	1110	0,2	102	
	58	4,11	12	27	159	31,0	33	-0,58	1110	0,2	102	
	60	**4,10**	**12**	**27**	**160**	**31,0**	**34**	**-0,21**	**1118**	**0,25**	**102,5**	
	62	4,08	13	28	161	31,5	35	0,16	1125	0,3	103	
	64	4,05	13	28	163	32,0	35	0,90	1140	0,4	104	
	66	4,05	13	28	163	32,0	35	0,90	1140	0,4	104	
	68	4,02	14	29	165	33,0	36	1,64	1155	0,5	105	
	70	**4,02**	**14**	**29**	**165**	**33,0**	**36**	**1,64**	**1155**	**0,5**	**105**	
4	72	3,98	14	30	167	33,5	37	2,37	1170	0,6	106	
	74	3,98	14	30	167	33,5	37	2,37	1170	0,6	106	
	76	3,95	14	30	169	34,0	38	3,11	1185	0,7	107	
	78	3,95	14	30	169	34,0	38	3,11	1185	0,7	107	
	80	**3,91**	**14**	**30**	**171**	**35,0**	**39**	**4,07**	**1205**	**0,83**	**108,33**	4
	82	3,88	15	31	173	35,5	40	4,59	1215	0,9	109	
	84	3,85	15	32	175	36,0	41	5,33	1230	1,0	110	
	86	3,82	16	33	177	36,5	41	6,07	1245	1,1	111	
	88	3,78	16	33	179	37,5	42	6,81	1260	1,2	112	
	90	3,75	16	34	181	38,0	43	7,55	1275	1,3	113	
5	92	3,72	17	34	183	38,5	44	8,29	1290	1,4	114	
	93	**3,69**	**17**	**35**	**185**	**39,0**	**45**	**9,03**	**1305**	**1,5**	**115**	
	94	3,65	17	36	187	40,0	46	9,76	1320	1,6	116	
	96	3,59	18	37	191	41,0	48	11,24	1350	1,8	118	5
	97,5	**3,52**	**19**	**38**	**195**	**42,5**		**12,72**	**1380**	**2,0**	**120**	
	>99,5	**3,19**	**22**	**44**	**215**	**49,0**		**20,11**	**1530**	**>3,0**	**>130**	
M		**4,18**	**11,93**	**26,02**	**154,68**	**29,62**	**31,45**	**-2,06**	**1080**		**M**	
SD		**0,33**	**3,44**	**6,05**	**20,11**	**6,38**	**9,12**	**7,39**	**150**		**SD**	
N		**1083**	**157**	**12464**	**157**	**152**	**157**	**150**	**376**		**N**	

© Bös/FoSS Karlsruhe/DMT 6-18

Normwerttabelle für 11-jährige Mädchen

Q	PR	20m	LS	SU	SW	SHH	Bal	RB	6-Min	z	Z	LK
	<0,5	5,21	2	5	75	14,5	6	-20,37	575	<-3,0	<70	
	2,5	4,87	5	11	99	20,0	15	-12,98	710	-2,0	80	
	4	4,80	6	12	103	21,0	17	-11,50	737	-1,8	82	1
	6	4,73	7	13	108	22,0	19	-10,02	764	-1,6	84	
	7	4,70	7	14	110	22,5	20	-9,29	778	-1,5	85	
1	8	4,67	7	15	113	23,0	21	-8,55	791	-1,4	86	
	10	4,63	8	15	115	23,5	22	-7,81	805	-1,3	87	
	12	4,60	8	16	117	24,0	23	-7,07	818	-1,2	88	
	14	4,56	8	16	119	24,5	23	-6,33	832	-1,1	89	
	16	4,53	9	17	122	25,5	24	-5,59	845	-1,0	90	
	18	4,50	9	18	124	26,0	25	-4,85	859	-0,9	91	2
	20	4,47	9	18	126	26,0	26	-4,33	868	-0,83	91,67	
	22	4,43	10	19	129	27,0	27	-3,37	886	-0,7	93	
	24	4,43	10	19	129	27,0	27	-3,37	886	-0,7	93	
	26	4,39	10	20	131	27,5	28	-2,63	899	-0,6	94	
	28	4,39	10	20	131	27,5	28	-2,63	899	-0,6	94	
	30	4,36	10	20	133	28,0	29	-1,90	913	-0,5	95	
2	32	4,36	10	20	133	28,0	29	-1,90	913	-0,5	95	
	34	4,33	11	21	136	28,5	30	-1,16	926	-0,4	96	
	36	4,33	11	21	136	28,5	30	-1,16	926	-0,4	96	
	38	4,29	11	21	138	29,0	31	-0,42	940	-0,3	97	
	40	4,28	11	21	139	29,0	31	-0,05	946	-0,25	97,5	
	42	4,26	12	22	140	29,5	32	0,32	953	-0,2	98	
	44	4,26	12	22	140	29,5	32	0,32	953	-0,2	98	
	46	4,22	12	23	143	30,0	33	1,06	967	-0,1	99	
	48	4,22	12	23	143	30,0	33	1,06	967	-0,1	99	3
	50	4,19	12	23	145	31,0	34	1,80	980	0,0	100	
3	52	4,16	12	24	147	31,5	34	2,54	994	0,1	101	
	54	4,16	12	24	147	31,5	34	2,54	994	0,1	101	
	56	4,12	12	24	150	32,0	35	3,28	1007	0,2	102	
	58	4,12	12	24	150	32,0	35	3,28	1007	0,2	102	
	60	4,11	12	25	151	32,0	35	3,65	1014	0,25	102,5	
	62	4,09	13	26	152	32,5	36	4,02	1021	0,3	103	
	64	4,05	13	26	154	33,0	37	4,76	1034	0,4	104	
	66	4,05	13	26	154	33,0	37	4,76	1034	0,4	104	
	68	4,02	14	26	157	33,5	38	5,50	1048	0,5	105	
	70	4,02	14	26	157	33,5	38	5,50	1048	0,5	105	
4	72	3,99	14	27	159	34,0	39	6,23	1061	0,6	106	
	74	3,99	14	27	159	34,0	39	6,23	1061	0,6	106	
	76	3,95	14	27	161	34,5	40	6,97	1075	0,7	107	
	78	3,95	14	27	161	34,5	40	6,97	1075	0,7	107	
	80	3,91	14	28	164	35,0	41	7,93	1092	0,83	108,33	
	82	3,88	15	29	166	35,5	42	8,45	1102	0,9	109	4
	84	3,85	15	29	168	36,5	43	9,19	1115	1,0	110	
	86	3,82	16	30	171	37,0	44	9,93	1129	1,1	111	
	88	3,78	16	30	173	37,5	44	10,67	1142	1,2	112	
	90	3,75	16	31	175	38,0	45	11,41	1156	1,3	113	
5	92	3,71	17	32	177	38,5	46	12,15	1169	1,4	114	
	93	3,68	17	32	180	39,0	47	12,89	1183	1,5	115	
	94	3,65	17	33	182	39,5	48	13,62	1196	1,6	116	
	96	3,58	18	34	187	40,5		15,10	1223	1,8	118	5
	97,5	3,51	19	35	191	42,0		16,58	1250	2,0	120	
	>99,5	3,17	22	41	215	47,5		23,97	1385	>3,0	>130	
M		4,19	11,89	23,13	144,99	30,75	33,5	1,80	980	M		
SD		0,34	3,36	6,05	23,20	5,5	9,12	7,39	135	SD		
N		640	152	11926	151	151	153	153	311	N		

© Bös/FoSS Karlsruhe/DMT 6-18

Normwerttabelle für 12-jährige Jungen

Q	PR	20m	LS	SU	SW	SHH	Bal	RB	6-Min	z	Z	LK
	<0,5	**5,05**	**2**	**10**	**100**	**13,0**	**5**	**-25,10**	**656**	**<-3,0**	**<70**	
	2,5	**4,72**	**6**	**16**	**121**	**19,0**	**14**	**-17,42**	**812**	**-2,0**	**80**	
	4	4,65	6	17	125	20,5	16	-15,88	843	-1,8	82	1
	6	4,59	7	18	130	21,5	17	-14,35	874	-1,6	84	
	7	**4,56**	**7**	**19**	**132**	**22,5**	**18**	**-13,58**	**890**	**-1,5**	**85**	
1	8	4,52	8	19	134	23,0	19	-12,81	906	-1,4	86	
	10	4,49	8	20	136	23,5	20	-12,04	921	-1,3	87	
	12	4,46	8	20	138	24,5	21	-11,28	937	-1,2	88	
	14	4,42	9	21	140	25,0	22	-10,51	952	-1,1	89	
	16	4,39	9	22	142	25,5	23	-9,74	968	-1,0	90	
	18	4,36	9	22	145	26,0	24	-8,97	984	-0,9	91	2
	20	**4,33**	**9**	**22**	**146**	**26,5**	**24**	**-8,43**	**995**	**-0,83**	**91,67**	
	22	4,29	10	23	149	27,5	26	-7,44	1015	-0,7	93	
	24	4,29	10	23	149	27,5	26	-7,44	1015	-0,7	93	
	26	4,26	10	24	151	28,0	26	-6,67	1030	-0,6	94	
	28	4,26	10	24	151	28,0	26	-6,67	1030	-0,6	94	
	30	**4,23**	**11**	**25**	**153**	**29,0**	**27**	**-5,90**	**1046**	**-0,5**	**95**	
2	32	4,23	11	25	153	29,0	27	-5,90	1046	-0,5	95	
	34	4,19	11	25	155	29,5	28	-5,13	1062	-0,4	96	
	36	4,19	11	25	155	29,5	28	-5,13	1062	-0,4	96	
	38	4,16	11	26	157	30,0	29	-4,36	1077	-0,3	97	
	40	**4,14**	**11**	**26**	**158**	**30,0**	**29**	**-3,98**	**1085**	**-0,25**	**97,5**	
	42	4,13	12	27	159	30,5	30	-3,60	1093	-0,2	98	
	44	4,13	12	27	159	30,5	30	-3,60	1093	-0,2	98	
	46	4,09	12	27	162	31,5	31	-2,83	1108	-0,1	99	
	48	4,09	12	27	162	31,5	31	-2,83	1108	-0,1	99	3
	50	**4,06**	**12**	**27**	**164**	**32,0**	**32**	**-2,06**	**1124**	**0,0**	**100**	
3	52	4,03	13	28	166	32,5	33	-1,29	1140	0,1	101	
	54	4,03	13	28	166	32,5	33	-1,29	1140	0,1	101	
	56	3,99	13	29	168	33,0	34	-0,52	1155	0,2	102	
	58	3,99	13	29	168	33,0	34	-0,52	1155	0,2	102	
	60	**3,98**	**13**	**29**	**169**	**33,5**	**34**	**-0,14**	**1163**	**0,25**	**102,5**	
	62	3,96	14	30	170	34,0	35	0,24	1171	0,3	103	
	64	3,93	14	30	172	34,5	36	1,01	1186	0,4	104	
	66	3,93	14	30	172	34,5	36	1,01	1186	0,4	104	
	68	3,90	14	30	174	35,0	37	1,78	1202	0,5	105	
	70	**3,90**	**14**	**30**	**174**	**35,0**	**37**	**1,78**	**1202**	**0,5**	**105**	
4	72	3,86	15	31	176	36,0	37	2,55	1218	0,6	106	
	74	3,86	15	31	176	36,0	37	2,55	1218	0,6	106	
	76	3,83	15	32	179	36,5	38	3,32	1233	0,7	107	
	78	3,83	15	32	179	36,5	38	3,32	1233	0,7	107	
	80	**3,79**	**15**	**32**	**181**	**37,0**	**39**	**4,31**	**1253**	**0,83**	**108,33**	
	82	3,76	16	33	183	37,5	40	4,85	1264	0,9	109	4
	84	3,73	16	33	185	38,5	41	5,62	1280	1,0	110	
	86	3,70	16	34	187	39,0	42	6,39	1296	1,1	111	
	88	3,66	17	34	189	39,5	43	7,16	1311	1,2	112	
	90	3,63	17	35	191	40,5	44	7,92	1327	1,3	113	
5	92	3,60	17	36	193	41,0	45	8,69	1342	1,4	114	
	93	**3,57**	**18**	**36**	**196**	**41,5**	**46**	**9,46**	**1358**	**1,5**	**115**	
	94	3,53	18	37	198	42,0	47	10,23	1374	1,6	116	
	96	3,47	19	38	202	43,5	48	11,76	1405	1,8	118	5
	97,5	**3,40**	**19**	**39**	**206**	**44,5**		**13,30**	**1436**	**2,0**	**120**	
	>99,5	**3,07**	**23**	**45**	**228**	**51,0**		**20,98**	**1592**	**>3,0**	**>130**	
M		**4,06**	**12,47**	**27,43**	**163,68**	**31,96**	**31,97**	**-2,06**	**1124**	**M**		
SD		**0,33**	**3,44**	**5,86**	**21,28**	**6,39**	**9,12**	**7,69**	**156**	**SD**		
N		**1273**	**158**	**12403**	**158**	**158**	**158**	**158**	**434**	**N**		

Normwerttabelle für 12-jährige Mädchen

Q	PR	20m	LS	SU	SW	SHH	Bal	RB	6-Min	z	Z	LK
1	<0,5	5,01	2	5	79	16,0	7	-21,24	590	<-3,0	<70	1
	2,5	4,69	6	11	103	21,5	16	-13,56	728	-2,0	80	
	4	4,63	6	12	108	22,5	18	-12,02	756	-1,8	82	
	6	4,56	7	13	113	24,0	20	-10,49	783	-1,6	84	
	7	4,53	7	14	115	24,5	21	-9,72	797	-1,5	85	
	8	4,50	8	15	118	25,0	22	-8,95	811	-1,4	86	2
	10	4,47	8	15	120	25,5	22	-8,18	825	-1,3	87	
	12	4,43	8	16	122	26,0	23	-7,42	838	-1,2	88	
	14	4,40	9	16	125	26,5	24	-6,65	852	-1,1	89	
	16	4,37	9	17	127	27,0	25	-5,88	866	-1,0	90	
	18	4,34	9	18	130	27,5	26	-5,11	880	-0,9	91	
	20	4,32	9	18	131	28,0	27	-4,57	889	-0,83	91,67	
2	22	4,27	10	19	135	29,0	28	-3,58	907	-0,7	93	
	24	4,27	10	19	135	29,0	28	-3,58	907	-0,7	93	
	26	4,24	10	20	137	29,5	29	-2,81	921	-0,6	94	
	28	4,24	10	20	137	29,5	29	-2,81	921	-0,6	94	
	30	4,21	11	20	139	30,0	30	-2,04	935	-0,5	95	3
	32	4,21	11	20	139	30,0	30	-2,04	935	-0,5	95	
	34	4,18	11	21	142	30,5	31	-1,27	949	-0,4	96	
	36	4,18	11	21	142	30,5	31	-1,27	949	-0,4	96	
	38	4,15	11	21	144	31,0	32	-0,50	963	-0,3	97	
	40	4,13	11	21	146	31,0	32	-0,12	970	-0,25	97,5	
3	42	4,11	12	22	147	31,5	33	0,26	976	-0,2	98	
	44	4,11	12	22	147	31,5	33	0,26	976	-0,2	98	
	46	4,08	12	23	149	32,0	33	1,03	990	-0,1	99	
	48	4,08	12	23	149	32,0	33	1,03	990	-0,1	99	
	50	4,05	12	23	152	32,5	34	1,80	1004	0,0	100	
	52	4,02	13	24	154	33,0	35	2,57	1018	0,1	101	
	54	4,02	13	24	154	33,0	35	2,57	1018	0,1	101	
	56	3,99	13	24	156	34,0	36	3,34	1032	0,2	102	
	58	3,99	13	24	156	34,0	36	3,34	1032	0,2	102	
	60	3,97	13	25	158	34,0	36	3,72	1039	0,25	102,5	
4	62	3,95	14	26	159	34,5	37	4,10	1045	0,3	103	
	64	3,92	14	26	161	35,0	38	4,87	1059	0,4	104	
	66	3,92	14	26	161	35,0	38	4,87	1059	0,4	104	
	68	3,89	14	26	164	35,5	39	5,64	1073	0,5	105	
	70	3,89	14	26	164	35,5	39	5,64	1073	0,5	105	4
	72	3,86	14	27	166	36,0	40	6,41	1087	0,6	106	
	74	3,86	14	27	166	36,0	40	6,41	1087	0,6	106	
	76	3,83	15	27	169	36,5	41	7,18	1101	0,7	107	
	78	3,83	15	27	169	36,5	41	7,18	1101	0,7	107	
	80	3,78	15	28	172	37,0	42	8,17	1119	0,83	108,33	
5	82	3,76	16	29	173	37,5	43	8,71	1128	0,9	109	
	84	3,73	16	29	176	38,0	43	9,48	1142	1,0	110	
	86	3,70	16	30	178	38,5	44	10,25	1156	1,1	111	
	88	3,67	16	30	181	39,5	45	11,02	1170	1,2	112	
	90	3,63	17	31	183	40,0	46	11,78	1183	1,3	113	
	92	3,60	17	32	186	40,5	47	12,55	1197	1,4	114	
	93	3,57	17	32	188	41,0	48	13,32	1211	1,5	115	5
	94	3,54	18	33	190	41,5	48	14,09	1225	1,6	116	
	96	3,47	18	34	195	42,5	48	15,62	1252	1,8	118	
	97,5	3,41	19	35	200	43,5		17,16	1280	2,0	120	
	>99,5	3,09	22	41	224	49,5		24,84	1418	>3,0	>130	
M		4,05	12,37	23,13	151,58	32,64	34,33	1,80	1004	M		
SD		0,32	3,36	6,05	24,25	5,55	9,12	7,68	138	SD		
N		634	154	11926	154	153	154	154	332	N		

© Bös/FoSS Karlsruhe/DMT 6-18

Normwerttabelle für 13-jährige Jungen

Q	PR	20m	LS	SU	SW	SHH	Bal	RB	6-Min	z	Z	LK
	<0,5	**4,91**	**3**	**12**	**105**	**13,0**	**5**	**-25,94**	**683**	**<-3,0**	**<70**	
	2,5	**4,59**	**6**	**17**	**128**	**20,0**	**14**	**-17,98**	**845**	**-2,0**	**80**	
	4	4,53	7	18	132	21,0	16	-16,39	877	-1,8	82	1
	6	4,46	8	19	137	22,5	18	-14,80	910	-1,6	84	
	7	**4,43**	**8**	**20**	**139**	**23,0**	**19**	**-14,00**	**926**	**-1,5**	**85**	
1	8	4,40	8	21	141	24,0	20	-13,20	942	-1,4	86	
	10	4,37	9	21	143	24,5	21	-12,41	958	-1,3	87	
	12	4,33	9	22	146	25,0	22	-11,61	975	-1,2	88	
	14	4,30	9	22	148	26,0	22	-10,82	991	-1,1	89	
	16	4,27	10	23	150	26,5	23	-10,02	1007	-1,0	90	
	18	4,24	10	23	152	27,0	24	-9,22	1023	-0,9	91	2
	20	**4,22**	**10**	**24**	**154**	**27,5**	**25**	**-8,67**	**1035**	**-0,83**	**91,67**	
	22	4,17	11	25	157	28,5	26	-7,63	1056	-0,7	93	
	24	4,17	11	25	157	28,5	26	-7,63	1056	-0,7	93	
	26	4,14	11	25	159	29,0	27	-6,84	1072	-0,6	94	
	28	4,14	11	25	159	29,0	27	-6,84	1072	-0,6	94	
2	**30**	**4,11**	**11**	**26**	**161**	**29,5**	**28**	**-6,04**	**1088**	**-0,5**	**95**	
	32	4,11	11	26	161	29,5	28	-6,04	1088	-0,5	95	
	34	4,08	11	26	164	30,5	29	-5,24	1104	-0,4	96	
	36	4,08	11	26	164	30,5	29	-5,24	1104	-0,4	96	
	38	4,05	11	27	166	31,0	30	-4,45	1120	-0,3	97	
	40	**4,03**	**11**	**27**	**167**	**31,0**	**30**	**-4,05**	**1129**	**-0,25**	**97,5**	
	42	4,01	12	28	168	31,5	31	-3,65	1137	-0,2	98	
	44	4,01	12	28	168	31,5	31	-3,65	1137	-0,2	98	
	46	3,98	13	28	170	32,5	32	-2,86	1153	-0,1	99	
	48	3,98	13	28	170	32,5	32	-2,86	1153	-0,1	99	3
3	**50**	**3,95**	**13**	**29**	**173**	**33,0**	**32**	**-2,06**	**1169**	**0,0**	**100**	
	52	3,92	13	29	175	33,5	33	-1,26	1185	0,1	101	
	54	3,92	13	29	175	33,5	33	-1,26	1185	0,1	101	
	56	3,89	13	30	177	34,5	34	-0,47	1201	0,2	102	
	58	3,89	13	30	177	34,5	34	-0,47	1201	0,2	102	
	60	**3,87**	**13**	**30**	**178**	**34,5**	**34**	**-0,07**	**1210**	**0,25**	**102,5**	
	62	3,85	14	31	179	35,0	35	0,33	1218	0,3	103	
	64	3,82	14	31	182	35,5	36	1,12	1234	0,4	104	
	66	3,82	14	31	182	35,5	36	1,12	1234	0,4	104	
	68	3,79	15	31	184	36,5	37	1,92	1250	0,5	105	
4	**70**	**3,79**	**15**	**31**	**184**	**36,5**	**37**	**1,92**	**1250**	**0,5**	**105**	
	72	3,76	15	32	186	37,0	38	2,72	1266	0,6	106	
	74	3,76	15	32	186	37,0	38	2,72	1266	0,6	106	
	76	3,73	15	32	188	37,5	39	3,51	1282	0,7	107	
	78	3,73	15	32	188	37,5	39	3,51	1282	0,7	107	
	80	**3,68**	**15**	**33**	**191**	**38,5**	**40**	**4,55**	**1303**	**0,83**	**108,33**	4
	82	3,66	16	34	193	39,0	41	5,10	1315	0,9	109	
	84	3,63	16	34	195	39,5	42	5,90	1331	1,0	110	
	86	3,60	17	35	197	40,5	43	6,70	1347	1,1	111	
	88	3,57	17	35	200	41,0	43	7,49	1363	1,2	112	
	90	3,53	17	36	202	41,5	44	8,29	1380	1,3	113	
5	92	3,50	18	36	204	42,5	45	9,08	1396	1,4	114	
	93	**3,47**	**18**	**37**	**206**	**43,0**	**46**	**9,88**	**1412**	**1,5**	**115**	
	94	3,44	19	38	209	43,5	47	10,68	1428	1,6	116	
	96	3,37	19	39	213	45,0	48	12,27	1461	1,8	118	5
	97,5	**3,31**	**20**	**40**	**218**	**46,5**		**13,86**	**1493**	**2,0**	**120**	
	>99,5	**2,99**	**23**	**46**	**240**	**53,0**		**21,82**	**1655**	**>3,0**	**>130**	
M		**3,95**	**13,02**	**28,51**	**172,68**	**33,03**	**32,48**	**-2,06**	**1169**	**M**		
SD		**0,32**	**3,44**	**5,67**	**22,45**	**6,61**	**9,12**	**7,96**	**162**	**SD**		
N		**1187**	**171**	**13517**	**172**	**171**	**172**	**171**	**369**	**N**		

Normwerttabelle für 13-jährige Mädchen

Q	PR	20m	LS	SU	SW	SHH	Bal	RB	6-Min	z	Z	LK
	<0,5	4,84	2	7	79	16,5	7	-22,08	590	<-3,0	<70	
	2,5	4,53	6	13	103	22,0	16	-14,12	728	-2,0	80	
	4	4,47	6	14	108	23,0	18	-12,53	756	-1,8	82	1
	6	4,41	7	15	113	24,0	20	-10,94	783	-1,6	84	
	7	4,38	7	16	115	24,5	21	-10,14	797	-1,5	85	
	8	4,34	8	16	118	25,5	22	-9,34	811	-1,4	86	
1	10	4,31	8	17	120	26,0	23	-8,55	825	-1,3	87	
	12	4,28	8	18	122	26,5	24	-7,75	838	-1,2	88	
	14	4,25	9	18	125	27,0	25	-6,96	852	-1,1	89	
	16	4,22	9	19	127	27,5	26	-6,16	866	-1,0	90	
	18	4,19	9	19	130	28,0	26	-5,36	880	-0,9	91	2
	20	4,17	9	19	131	28,5	27	-4,81	889	-0,83	91,67	
	22	4,13	10	20	135	29,5	28	-3,77	907	-0,7	93	
	24	4,13	10	20	135	29,5	28	-3,77	907	-0,7	93	
	26	4,10	10	21	137	30,0	29	-2,98	921	-0,6	94	
	28	4,10	10	21	137	30,0	29	-2,98	921	-0,6	94	
	30	4,07	11	22	139	30,5	30	-2,18	935	-0,5	95	
2	32	4,07	11	22	139	30,5	30	-2,18	935	-0,5	95	
	34	4,03	11	22	142	31,0	31	-1,38	949	-0,4	96	
	36	4,03	11	22	142	31,0	31	-1,38	949	-0,4	96	
	38	4,00	11	22	144	31,5	32	-0,59	963	-0,3	97	
	40	3,99	11	22	146	31,5	32	-0,19	970	-0,25	97,5	
	42	3,97	12	23	147	32,0	33	0,21	976	-0,2	98	
	44	3,97	12	23	147	32,0	33	0,21	976	-0,2	98	
	46	3,94	12	24	149	32,5	34	1,00	990	-0,1	99	
	48	3,94	12	24	149	32,5	34	1,00	990	-0,1	99	
	50	3,91	12	24	152	33,0	35	1,80	1004	0,0	100	3
3	52	3,88	13	25	154	34,0	36	2,60	1018	0,1	101	
	54	3,88	13	25	154	34,0	36	2,60	1018	0,1	101	
	56	3,85	13	26	156	34,5	36	3,39	1032	0,2	102	
	58	3,85	13	26	156	34,5	36	3,39	1032	0,2	102	
	60	3,83	13	26	158	34,5	36	3,79	1039	0,25	102,5	
	62	3,82	14	27	159	35,0	37	4,19	1045	0,3	103	
	64	3,79	14	27	161	35,5	38	4,98	1059	0,4	104	
	66	3,79	14	27	161	35,5	38	4,98	1059	0,4	104	
	68	3,76	14	27	164	36,0	39	5,78	1073	0,5	105	
	70	3,76	14	27	164	36,0	39	5,78	1073	0,5	105	
4	72	3,72	14	28	166	36,5	40	6,58	1087	0,6	106	
	74	3,72	14	28	166	36,5	40	6,58	1087	0,6	106	
	76	3,69	15	28	169	37,0	41	7,37	1101	0,7	107	
	78	3,69	15	28	169	37,0	41	7,37	1101	0,7	107	
	80	3,65	15	29	172	38,0	42	8,41	1119	0,83	108,33	
	82	3,63	16	30	173	38,5	43	8,96	1128	0,9	109	4
	84	3,60	16	30	176	39,0	44	9,76	1142	1,0	110	
	86	3,57	16	31	178	39,5	45	10,56	1156	1,1	111	
	88	3,54	16	31	181	40,0	46	11,35	1170	1,2	112	
	90	3,51	17	32	183	40,5	47	12,15	1183	1,3	113	
5	92	3,48	17	32	186	41,0	47	12,94	1197	1,4	114	
	93	3,45	17	33	188	41,5	48	13,74	1211	1,5	115	
	94	3,41	18	33	190	42,5		14,54	1225	1,6	116	
	96	3,35	18	35	195	43,5		16,13	1252	1,8	118	5
	97,5	3,29	19	36	200	44,5		17,72	1280	2,0	120	
	>99,5	2,98	22	41	224	50,0		25,68	1418	>3,0	>130	
M		3,91	12,37	24,41	151,58	33,22	34,67	1,80	1004	M		
SD		0,31	3,36	5,67	24,25	5,65	9,12	7,96	138	SD		
N		641	152	12984	154	151	154	155	332	N		

© Bös/FoSS Karlsruhe/DMT 6-18

Normwerttabelle für 14-jährige Jungen

Q	PR	20m	LS	SU	SW	SHH	Bal	RB	6-Min	z	Z	LK
	<0,5	4,77	3	13	111	13,5	6	-26,81	709	<-3,0	<70	
	2,5	4,46	7	19	134	20,5	15	-18,56	877	-2,0	80	
	4	4,40	7	20	139	22,0	17	-16,91	911	-1,8	82	1
	6	4,34	8	21	144	23,0	18	-15,26	944	-1,6	84	
	7	4,31	8	21	146	24,0	19	-14,44	961	-1,5	85	
1	8	4,27	9	22	149	24,5	20	-13,61	978	-1,4	86	
	10	4,24	9	22	151	25,0	21	-12,79	995	-1,3	87	
	12	4,21	9	23	153	26,0	22	-11,96	1011	-1,2	88	
	14	4,18	10	24	156	26,5	23	-11,14	1028	-1,1	89	
	16	4,15	10	24	158	27,5	24	-10,31	1045	-1,0	90	
	18	4,12	10	25	160	28,0	25	-9,49	1062	-0,9	91	2
	20	4,10	10	25	162	28,5	25	-8,91	1074	-0,83	91,67	
	22	4,06	11	26	165	29,5	27	-7,84	1095	-0,7	93	
	24	4,06	11	26	165	29,5	27	-7,84	1095	-0,7	93	
	26	4,03	11	26	168	30,0	28	-7,01	1112	-0,6	94	
	28	4,03	11	26	168	30,0	28	-7,01	1112	-0,6	94	
2	30	4,00	12	27	170	30,5	28	-6,19	1129	-0,5	95	
	32	4,00	12	27	170	30,5	28	-6,19	1129	-0,5	95	
	34	3,96	12	27	172	31,5	29	-5,36	1146	-0,4	96	
	36	3,96	12	27	172	31,5	29	-5,36	1146	-0,4	96	
	38	3,93	12	28	175	32,0	30	-4,54	1163	-0,3	97	
	40	3,92	12	28	176	32,0	30	-4,12	1171	-0,25	97,5	
	42	3,90	13	29	177	32,5	31	-3,71	1179	-0,2	98	
	44	3,90	13	29	177	32,5	31	-3,71	1179	-0,2	98	
	46	3,87	13	29	179	33,5	32	-2,89	1196	-0,1	99	
	48	3,87	13	29	179	33,5	32	-2,89	1196	-0,1	99	3
3	50	3,84	14	30	182	34,0	33	-2,06	1213	0,0	100	
	52	3,81	14	30	184	35,0	34	-1,24	1230	0,1	101	
	54	3,81	14	30	184	35,0	34	-1,24	1230	0,1	101	
	56	3,78	14	31	186	35,5	35	-0,41	1247	0,2	102	
	58	3,78	14	31	186	35,5	35	-0,41	1247	0,2	102	
	60	3,76	14	31	188	35,5	35	0,00	1255	0,25	102,5	
	62	3,75	15	32	189	36,0	36	0,42	1263	0,3	103	
	64	3,72	15	32	191	37,0	37	1,24	1280	0,4	104	
	66	3,72	15	32	191	37,0	37	1,24	1280	0,4	104	
	68	3,69	15	32	193	37,5	38	2,07	1297	0,5	105	
4	70	3,69	15	32	193	37,5	38	2,07	1297	0,5	105	
	72	3,65	16	33	196	38,0	38	2,89	1314	0,6	106	
	74	3,65	16	33	196	38,0	38	2,89	1314	0,6	106	
	76	3,62	16	33	198	39,0	39	3,72	1331	0,7	107	
	78	3,62	16	33	198	39,0	39	3,72	1331	0,7	107	
	80	3,58	16	34	201	39,5	40	4,79	1352	0,83	108,33	4
	82	3,56	17	35	203	40,0	41	5,37	1364	0,9	109	
	84	3,53	17	35	205	41,0	42	6,19	1381	1,0	110	
	86	3,50	17	36	208	41,5	43	7,02	1398	1,1	111	
	88	3,47	18	36	210	42,5	44	7,84	1415	1,2	112	
	90	3,44	18	37	212	43,0	45	8,67	1431	1,3	113	
5	92	3,41	18	37	215	43,5	46	9,49	1448	1,4	114	
	93	3,38	19	38	217	44,5	47	10,32	1465	1,5	115	
	94	3,34	19	38	219	45,0	48	11,14	1482	1,6	116	
	96	3,28	20	39	224	46,5		12,79	1515	1,8	118	5
	97,5	3,22	20	41	229	48,0		14,44	1549	2,0	120	
	>99,5	2,91	24	46	253	54,5		22,69	1717	>3,0	>130	
M		3,84	13,56	29,59	181,68	34,11	32,99	-2,06	1213	M		
SD		0,31	3,44	5,48	23,62	6,82	9,12	8,25	168	SD		
N		1601	182	12384	181	182	181	182	361	N		

Normwerttabelle für 14-jährige Mädchen

Q	PR	20m	LS	SU	SW	SHH	Bal	RB	6-Min	z	Z	LK
	<0,5	**4,82**	**2**	**8**	**79**	**16,5**	**8**	**-22,95**	**590**	**<-3,0**	**<70**	
	2,5	**4,51**	**6**	**14**	**103**	**22,5**	**17**	**-14,70**	**728**	**-2,0**	**80**	
	4	4,45	6	15	108	23,5	19	-13,05	756	-1,8	82	1
	6	4,39	7	16	113	24,5	20	-11,40	783	-1,6	84	
	7	**4,36**	**7**	**17**	**115**	**25,0**	**21**	**-10,58**	**797**	**-1,5**	**85**	
1	8	4,32	8	17	118	26,0	22	-9,75	811	-1,4	86	
	10	4,29	8	18	120	26,5	23	-8,93	825	-1,3	87	
	12	4,26	8	18	122	27,0	24	-8,10	838	-1,2	88	
	14	4,23	9	19	125	27,5	25	-7,28	852	-1,1	89	
	16	4,20	9	19	127	28,0	26	-6,45	866	-1,0	90	
	18	4,17	9	20	130	28,5	27	-5,63	880	-0,9	91	2
	20	**4,15**	**9**	**20**	**131**	**29,0**	**27**	**-5,05**	**889**	**-0,83**	**91,67**	
	22	4,11	10	21	135	30,0	29	-3,98	907	-0,7	93	
	24	4,11	10	21	135	30,0	29	-3,98	907	-0,7	93	
	26	4,08	10	22	137	30,5	30	-3,15	921	-0,6	94	
	28	4,08	10	22	137	30,5	30	-3,15	921	-0,6	94	
2	**30**	**4,05**	**11**	**22**	**139**	**31,0**	**30**	**-2,33**	**935**	**-0,5**	**95**	
	32	4,05	11	22	139	31,0	30	-2,33	935	-0,5	95	
	34	4,01	11	23	142	31,5	31	-1,50	949	-0,4	96	
	36	4,01	11	23	142	31,5	31	-1,50	949	-0,4	96	
	38	3,98	11	23	144	32,0	32	-0,68	963	-0,3	97	
	40	**3,97**	**11**	**23**	**146**	**32,0**	**32**	**-0,26**	**970**	**-0,25**	**97,5**	
	42	3,95	12	24	147	32,5	33	0,15	976	-0,2	98	
	44	3,95	12	24	147	32,5	33	0,15	976	-0,2	98	
	46	3,92	12	24	149	33,0	34	0,98	990	-0,1	99	
	48	3,92	12	24	149	33,0	34	0,98	990	-0,1	99	
3	**50**	**3,89**	**12**	**25**	**152**	**34,0**	**35**	**1,80**	**1004**	**0,0**	**100**	3
	52	3,86	13	25	154	34,5	36	2,63	1018	0,1	101	
	54	3,86	13	25	154	34,5	36	2,63	1018	0,1	101	
	56	3,83	13	26	156	35,0	37	3,45	1032	0,2	102	
	58	3,83	13	26	156	35,0	37	3,45	1032	0,2	102	
	60	**3,81**	**13**	**26**	**158**	**35,0**	**37**	**3,86**	**1039**	**0,25**	**102,5**	
	62	3,80	14	27	159	35,5	38	4,28	1045	0,3	103	
	64	3,77	14	27	161	36,0	39	5,10	1059	0,4	104	
	66	3,77	14	27	161	36,0	39	5,10	1059	0,4	104	
	68	3,74	14	28	164	36,5	40	5,93	1073	0,5	105	
4	**70**	**3,74**	**14**	**28**	**164**	**36,5**	**40**	**5,93**	**1073**	**0,5**	**105**	
	72	3,70	14	28	166	37,5	40	6,75	1087	0,6	106	
	74	3,70	14	28	166	37,5	40	6,75	1087	0,6	106	
	76	3,67	15	29	169	38,0	41	7,58	1101	0,7	107	
	78	3,67	15	29	169	38,0	41	7,58	1101	0,7	107	
	80	**3,63**	**15**	**29**	**172**	**38,5**	**42**	**8,65**	**1119**	**0,83**	**108,33**	
	82	3,61	16	30	173	39,0	43	9,23	1128	0,9	109	4
	84	3,58	16	30	176	39,5	44	10,05	1142	1,0	110	
	86	3,55	16	31	178	40,0	45	10,88	1156	1,1	111	
	88	3,52	16	31	181	40,5	46	11,70	1170	1,2	112	
	90	3,49	17	32	183	41,5	47	12,53	1183	1,3	113	
5	92	3,46	17	33	186	42,0	48	13,35	1197	1,4	114	
	93	**3,43**	**17**	**33**	**188**	**42,5**		**14,18**	**1211**	**1,5**	**115**	
	94	3,39	18	34	190	43,0		15,00	1225	1,6	116	
	96	3,33	18	35	195	44,0		16,65	1252	1,8	118	5
	97,5	**3,27**	**19**	**36**	**200**	**45,5**		**18,30**	**1280**	**2,0**	**120**	
	>99,5	**2,96**	**22**	**41**	**224**	**51,0**		**26,55**	**1418**	**>3,0**	**>130**	
M		**3,89**	**12,37**	**24,90**	**151,58**	**33,81**	**35,02**	**1,80**	**1004**	**M**		
SD		**0,31**	**3,36**	**5,48**	**24,25**	**5,75**	**9,12**	**8,25**	**138**	**SD**		
N		**673**	**178**	**11743**	**154**	**178**	**179**	**179**	**249**	**N**		

© Bös/FoSS Karlsruhe/DMT 6-18

Normwerttabelle für 15-jährige Jungen

Q	PR	20m	LS	SU	SW	SHH	Bal	RB	6-Min	z	Z	LK
	<0,5	**4,62**	**4**	**15**	**116**	**14,0**	**6**	**-27,68**	**732**	**<-3,0**	**<70**	
	2,5	**4,32**	**7**	**20**	**141**	**21,0**	**15**	**-19,14**	**907**	**-2,0**	**80**	
	4	4,26	8	21	146	22,5	17	-17,43	942	-1,8	82	1
	6	4,20	9	22	151	24,0	19	-15,72	977	-1,6	84	
	7	**4,17**	**9**	**23**	**153**	**24,5**	**20**	**-14,87**	**995**	**-1,5**	**85**	
1	8	4,14	9	23	156	25,5	21	-14,02	1012	-1,4	86	
	10	4,11	10	24	158	26,0	22	-13,16	1030	-1,3	87	
	12	4,08	10	24	161	26,5	23	-12,31	1047	-1,2	88	
	14	4,05	10	25	163	27,5	23	-11,45	1065	-1,1	89	
	16	4,02	11	25	166	28,0	24	-10,60	1082	-1,0	90	
	18	3,99	11	26	168	29,0	25	-9,75	1100	-0,9	91	2
	20	**3,97**	**11**	**26**	**170**	**29,5**	**26**	**-9,15**	**1112**	**-0,83**	**91,67**	
	22	3,93	12	27	173	30,5	27	-8,04	1135	-0,7	93	
	24	3,93	12	27	173	30,5	27	-8,04	1135	-0,7	93	
	26	3,90	12	28	176	31,0	28	-7,18	1152	-0,6	94	
	28	3,90	12	28	176	31,0	28	-7,18	1152	-0,6	94	
2	**30**	**3,87**	**12**	**28**	**178**	**31,5**	**29**	**-6,33**	**1170**	**-0,5**	**95**	
	32	3,87	12	28	178	31,5	29	-6,33	1170	-0,5	95	
	34	3,84	13	29	181	32,5	30	-5,48	1187	-0,4	96	
	36	3,84	13	29	181	32,5	30	-5,48	1187	-0,4	96	
	38	3,81	13	29	183	33,0	31	-4,62	1205	-0,3	97	
	40	**3,80**	**13**	**29**	**184**	**33,5**	**31**	**-4,20**	**1213**	**-0,25**	**97,5**	
	42	3,78	14	30	186	34,0	32	-3,77	1222	-0,2	98	
	44	3,78	14	30	186	34,0	32	-3,77	1222	-0,2	98	
	46	3,75	14	30	188	34,5	33	-2,91	1240	-0,1	99	
	48	3,75	14	30	188	34,5	33	-2,91	1240	-0,1	99	3
3	**50**	**3,72**	**14**	**31**	**191**	**35,0**	**34**	**-2,06**	**1257**	**0,0**	**100**	
	52	3,69	14	31	193	36,0	34	-1,21	1275	0,1	101	
	54	3,69	14	31	193	36,0	34	-1,21	1275	0,1	101	
	56	3,66	15	32	196	36,5	35	-0,35	1292	0,2	102	
	58	3,66	15	32	196	36,5	35	-0,35	1292	0,2	102	
	60	**3,65**	**15**	**32**	**197**	**37,0**	**35**	**0,07**	**1301**	**0,25**	**102,5**	
	62	3,63	16	33	198	37,5	36	0,50	1310	0,3	103	
	64	3,60	16	33	201	38,0	37	1,36	1327	0,4	104	
	66	3,60	16	33	201	38,0	37	1,36	1327	0,4	104	
	68	3,57	16	33	203	38,5	38	2,21	1345	0,5	105	
4	**70**	**3,57**	**16**	**33**	**203**	**38,5**	**38**	**2,21**	**1345**	**0,5**	**105**	
	72	3,54	16	34	206	39,5	39	3,06	1362	0,6	106	
	74	3,54	16	34	206	39,5	39	3,06	1362	0,6	106	
	76	3,51	17	34	208	40,0	40	3,92	1380	0,7	107	
	78	3,51	17	34	208	40,0	40	3,92	1380	0,7	107	
	80	**3,47**	**17**	**35**	**211**	**41,0**	**41**	**5,03**	**1402**	**0,83**	**108,33**	4
	82	3,45	18	36	213	41,5	42	5,63	1415	0,9	109	
	84	3,42	18	36	215	42,0	43	6,48	1432	1,0	110	
	86	3,39	18	36	218	43,0	44	7,33	1450	1,1	111	
	88	3,36	18	37	220	43,5	44	8,19	1467	1,2	112	
	90	3,33	19	38	223	44,5	45	9,04	1485	1,3	113	
5	92	3,30	19	38	225	45,0	46	9,90	1502	1,4	114	
	93	**3,27**	**19**	**39**	**228**	**46,0**	**47**	**10,75**	**1520**	**1,5**	**115**	
	94	3,24	20	39	230	46,5	48	11,60	1537	1,6	116	
	96	3,18	20	40	235	48,0		13,31	1572	1,8	118	5
	97,5	**3,12**	**21**	**41**	**240**	**49,5**		**15,02**	**1607**	**2,0**	**120**	
	>99,5	**2,82**	**24**	**47**	**265**	**56,5**		**23,56**	**1782**	**>3,0**	**>130**	
M		**3,72**	**14,10**	**30,68**	**190,68**	**35,19**	**33,51**	**-2,06**	**1257**		**M**	
SD		**0,30**	**3,44**	**5,28**	**24,79**	**7,04**	**9,12**	**8,54**	**175**		**SD**	
N		**1016**	**185**	**14262**	**182**	**185**	**186**	**183**	**146**		**N**	

© Bös/FoSS Karlsruhe/DMT 6-18

Normwerttabelle für 15-jährige Mädchen

Q	PR	20m	LS	SU	SW	SHH	Bal	RB	6-Min	z	Z	LK
	<0,5	4,82	2	10	79	17,0	8	-23,82	590	<-3,0	<70	
	2,5	4,51	6	15	103	22,5	17	-15,28	728	-2,0	80	
	4	4,45	6	16	108	24,0	19	-13,57	756	-1,8	82	1
	6	4,39	7	17	113	25,0	21	-11,86	783	-1,6	84	
	7	4,36	7	17	115	25,5	22	-11,01	797	-1,5	85	
1	8	4,32	8	18	118	26,0	23	-10,16	811	-1,4	86	
	10	4,29	8	19	120	27,0	24	-9,30	825	-1,3	87	
	12	4,26	8	19	122	27,5	24	-8,45	838	-1,2	88	
	14	4,23	9	20	125	28,0	25	-7,59	852	-1,1	89	
	16	4,20	9	20	127	28,5	26	-6,74	866	-1,0	90	
	18	4,17	9	21	130	29,0	27	-5,89	880	-0,9	91	2
	20	4,15	9	21	131	29,5	28	-5,29	889	-0,83	91,67	
	22	4,11	10	22	135	30,5	29	-4,18	907	-0,7	93	
	24	4,11	10	22	135	30,5	29	-4,18	907	-0,7	93	
	26	4,08	10	22	137	31,0	30	-3,32	921	-0,6	94	
	28	4,08	10	22	137	31,0	30	-3,32	921	-0,6	94	
	30	4,05	11	23	139	31,5	31	-2,47	935	-0,5	95	
2	32	4,05	11	23	139	31,5	31	-2,47	935	-0,5	95	
	34	4,01	11	23	142	32,0	32	-1,62	949	-0,4	96	
	36	4,01	11	23	142	32,0	32	-1,62	949	-0,4	96	
	38	3,98	11	23	144	32,5	33	-0,76	963	-0,3	97	
	40	3,97	11	23	146	32,5	33	-0,34	970	-0,25	97,5	
	42	3,95	12	24	147	33,0	34	0,09	976	-0,2	98	
	44	3,95	12	24	147	33,0	34	0,09	976	-0,2	98	
	46	3,92	12	25	149	34,0	34	0,95	990	-0,1	99	
	48	3,92	12	25	149	34,0	34	0,95	990	-0,1	99	3
3	50	3,89	12	25	152	34,5	35	1,80	1004	0,0	100	
	52	3,86	13	26	154	35,0	36	2,65	1018	0,1	101	
	54	3,86	13	26	154	35,0	36	2,65	1018	0,1	101	
	56	3,83	13	26	156	35,5	37	3,51	1032	0,2	102	
	58	3,83	13	26	156	35,5	37	3,51	1032	0,2	102	
	60	3,81	13	26	158	35,5	37	3,94	1039	0,25	102,5	
	62	3,80	14	27	159	36,0	38	4,36	1045	0,3	103	
	64	3,77	14	28	161	36,5	39	5,22	1059	0,4	104	
	66	3,77	14	28	161	36,5	39	5,22	1059	0,4	104	
	68	3,74	14	28	164	37,5	40	6,07	1073	0,5	105	
4	70	3,74	14	28	164	37,5	40	6,07	1073	0,5	105	
	72	3,70	14	29	166	38,0	41	6,92	1087	0,6	106	
	74	3,70	14	29	166	38,0	41	6,92	1087	0,6	106	
	76	3,67	15	29	169	38,5	42	7,78	1101	0,7	107	
	78	3,67	15	29	169	38,5	42	7,78	1101	0,7	107	
	80	3,63	15	29	172	39,0	43	8,89	1119	0,83	108,33	
	82	3,61	16	30	173	39,5	44	9,49	1128	0,9	109	4
	84	3,58	16	31	176	40,0	44	10,34	1142	1,0	110	
	86	3,55	16	31	178	41,0	45	11,19	1156	1,1	111	
	88	3,52	16	32	181	41,5	46	12,05	1170	1,2	112	
	90	3,49	17	32	183	42,0	47	12,90	1183	1,3	113	
5	92	3,46	17	33	186	42,5	48	13,76	1197	1,4	114	
	93	3,43	17	33	188	43,0		14,61	1211	1,5	115	
	94	3,39	18	34	190	44,0		15,46	1225	1,6	116	
	96	3,33	18	35	195	45,0		17,17	1252	1,8	118	5
	97,5	3,27	19	36	200	46,0		18,88	1280	2,0	120	
	>99,5	2,96	22	41	224	52,0		27,42	1418	>3,0	>130	
M		3,89	12,37	25,39	151,58	34,39	35,36	1,80	1004	M		
SD		0,31	3,36	5,28	24,25	5,85	9,12	8,54	138	SD		
N		211	172	13717	154	174	176	175	139	N		

© Bös/FoSS Karlsruhe/DMT 6-18

Normwerttabelle für 16-jährige Jungen

Q	PR	20m	LS	SU	SW	SHH	Bal	RB	6-Min	z	Z	LK
1	**<0,5**	**4,48**	**4**	**16**	**122**	**14,5**	**7**	**-28,55**	**759**	**<-3,0**	**<70**	1
	2,5	**4,19**	**8**	**22**	**148**	**22,0**	**16**	**-19,72**	**940**	**-2,0**	**80**	
	4	4,13	8	23	153	23,0	18	-17,95	976	-1,8	82	
	6	4,07	9	24	158	24,5	19	-16,19	1012	-1,6	84	
	7	**4,05**	**9**	**24**	**161**	**25,5**	**20**	**-15,31**	**1031**	**-1,5**	**85**	
	8	4,02	10	25	163	26,0	21	-14,42	1049	-1,4	86	2
	10	3,99	10	25	166	27,0	22	-13,54	1067	-1,3	87	
	12	3,96	11	26	169	27,5	23	-12,66	1085	-1,2	88	
	14	3,93	11	26	171	28,5	24	-11,77	1103	-1,1	89	
	16	3,90	11	27	174	29,0	25	-10,89	1121	-1,0	90	
	18	3,87	11	27	176	29,5	26	-10,01	1139	-0,9	91	
	20	**3,85**	**11**	**27**	**178**	**30,5**	**26**	**-9,39**	**1152**	**-0,83**	**91,67**	
2	22	3,81	12	28	182	31,0	28	-8,24	1175	-0,7	93	
	24	3,81	12	28	182	31,0	28	-8,24	1175	-0,7	93	
	26	3,78	13	29	184	32,0	29	-7,36	1193	-0,6	94	
	28	3,78	13	29	184	32,0	29	-7,36	1193	-0,6	94	
	30	**3,76**	**13**	**29**	**187**	**32,5**	**29**	**-6,48**	**1212**	**-0,5**	**95**	3
	32	3,76	13	29	187	32,5	29	-6,48	1212	-0,5	95	
	34	3,73	13	30	189	33,5	30	-5,59	1230	-0,4	96	
	36	3,73	13	30	189	33,5	30	-5,59	1230	-0,4	96	
	38	3,70	13	30	192	34,0	31	-4,71	1248	-0,3	97	
	40	**3,68**	**13**	**30**	**193**	**34,5**	**31**	**-4,27**	**1257**	**-0,25**	**97,5**	
3	42	3,67	14	31	194	35,0	32	-3,83	1266	-0,2	98	
	44	3,67	14	31	194	35,0	32	-3,83	1266	-0,2	98	
	46	3,64	14	31	197	35,5	33	-2,94	1284	-0,1	99	
	48	3,64	14	31	197	35,5	33	-2,94	1284	-0,1	99	
	50	**3,61**	**15**	**32**	**200**	**36,5**	**34**	**-2,06**	**1302**	**0,0**	**100**	
	52	3,58	15	32	202	37,0	35	-1,18	1320	0,1	101	
	54	3,58	15	32	202	37,0	35	-1,18	1320	0,1	101	
	56	3,55	15	33	205	37,5	36	-0,29	1338	0,2	102	
	58	3,55	15	33	205	37,5	36	-0,29	1338	0,2	102	
	60	**3,54**	**16**	**33**	**206**	**38,0**	**36**	**0,15**	**1347**	**0,25**	**102,5**	
4	62	3,52	16	34	207	38,5	37	0,59	1356	0,3	103	
	64	3,49	16	34	210	39,0	38	1,47	1374	0,4	104	
	66	3,49	16	34	210	39,0	38	1,47	1374	0,4	104	
	68	3,47	16	34	213	40,0	39	2,36	1393	0,5	105	
	70	**3,47**	**16**	**34**	**213**	**40,0**	**39**	**2,36**	**1393**	**0,5**	**105**	4
	72	3,44	17	35	215	40,5	39	3,24	1411	0,6	106	
	74	3,44	17	35	215	40,5	39	3,24	1411	0,6	106	
	76	3,41	17	35	218	41,5	40	4,12	1429	0,7	107	
	78	3,41	17	35	218	41,5	40	4,12	1429	0,7	107	
	80	**3,37**	**17**	**36**	**221**	**42,5**	**41**	**5,27**	**1452**	**0,83**	**108,33**	
5	82	3,35	18	37	223	43,0	42	5,89	1465	0,9	109	
	84	3,32	18	37	226	43,5	43	6,77	1483	1,0	110	
	86	3,29	18	37	228	44,0	44	7,65	1501	1,1	111	
	88	3,26	19	38	231	45,0	45	8,54	1519	1,2	112	
	90	3,23	19	38	233	45,5	46	9,42	1537	1,3	113	
	92	3,20	19	39	236	46,5	47	10,30	1555	1,4	114	
	93	**3,18**	**20**	**39**	**239**	**47,0**	**48**	**11,19**	**1574**	**1,5**	**115**	5
	94	3,15	20	40	241	48,0		12,07	1592	1,6	116	
	96	3,09	21	41	246	49,5		13,83	1628	1,8	118	
	97,5	**3,03**	**22**	**42**	**252**	**51,0**		**15,60**	**1664**	**2,0**	**120**	
	>99,5	**2,74**	**25**	**47**	**278**	**58,0**		**24,43**	**1845**	**>3,0**	**>130**	
M		**3,61**	**14,65**	**31,76**	**199,68**	**36,27**	**34,02**	**-2,06**	**1302**	**M**		
SD		**0,29**	**3,44**	**5,09**	**25,96**	**7,25**	**9,12**	**8,83**	**181**	**SD**		
N		**1478**	**189**	**14290**	**194**	**194**	**194**	**194**	**142**	**N**		

Normwerttabelle für 16-jährige Mädchen

Q	PR	20m	LS	SU	SW	SHH	Bal	RB	6-Min	z	Z	LK
	<0,5	**4,82**	**2**	**11**	**79**	**17,0**	**8**	**-24,69**	**590**	**<-3,0**	**<70**	
	2,5	**4,51**	**6**	**16**	**103**	**23,0**	**17**	**-15,86**	**728**	**-2,0**	**80**	
	4	4,45	6	17	108	24,5	19	-14,09	756	-1,8	82	1
	6	4,39	7	18	113	25,5	21	-12,33	783	-1,6	84	
	7	**4,36**	**7**	**18**	**115**	**26,0**	**22**	**-11,45**	**797**	**-1,5**	**85**	
1	8	4,32	8	19	118	26,5	23	-10,56	811	-1,4	86	
	10	4,29	8	19	120	27,0	24	-9,68	825	-1,3	87	
	12	4,26	8	20	122	28,0	25	-8,80	838	-1,2	88	
	14	4,23	9	20	125	28,5	26	-7,91	852	-1,1	89	
	16	4,20	9	21	127	29,0	27	-7,03	866	-1,0	90	
	18	4,17	9	21	130	29,5	27	-6,15	880	-0,9	91	2
	20	**4,15**	**9**	**21**	**131**	**30,0**	**28**	**-5,53**	**889**	**-0,83**	**91,67**	
	22	4,11	10	22	135	31,0	29	-4,38	907	-0,7	93	
	24	4,11	10	22	135	31,0	29	-4,38	907	-0,7	93	
	26	4,08	10	23	137	31,5	30	-3,50	921	-0,6	94	
	28	4,08	10	23	137	31,5	30	-3,50	921	-0,6	94	
2	**30**	**4,05**	**11**	**23**	**139**	**32,0**	**31**	**-2,62**	**935**	**-0,5**	**95**	
	32	4,05	11	23	139	32,0	31	-2,62	935	-0,5	95	
	34	4,01	11	24	142	32,5	32	-1,73	949	-0,4	96	
	36	4,01	11	24	142	32,5	32	-1,73	949	-0,4	96	
	38	3,98	11	24	144	33,0	33	-0,85	963	-0,3	97	
	40	**3,97**	**11**	**24**	**146**	**33,5**	**33**	**-0,41**	**970**	**-0,25**	**97,5**	
	42	3,95	12	25	147	34,0	34	0,03	976	-0,2	98	
	44	3,95	12	25	147	34,0	34	0,03	976	-0,2	98	
	46	3,92	12	25	149	34,5	35	0,92	990	-0,1	99	
	48	3,92	12	25	149	34,5	35	0,92	990	-0,1	99	
3	**50**	**3,89**	**12**	**26**	**152**	**35,0**	**36**	**1,80**	**1004**	**0,0**	**100**	3
	52	3,86	13	26	154	35,5	37	2,68	1018	0,1	101	
	54	3,86	13	26	154	35,5	37	2,68	1018	0,1	101	
	56	3,83	13	27	156	36,0	38	3,57	1032	0,2	102	
	58	3,83	13	27	156	36,0	38	3,57	1032	0,2	102	
	60	**3,81**	**13**	**27**	**158**	**36,5**	**38**	**4,01**	**1039**	**0,25**	**102,5**	
	62	3,80	14	28	159	37,0	39	4,45	1045	0,3	103	
	64	3,77	14	28	161	37,5	39	5,33	1059	0,4	104	
	66	3,77	14	28	161	37,5	39	5,33	1059	0,4	104	
	68	3,74	14	28	164	38,0	40	6,22	1073	0,5	105	
4	**70**	**3,74**	**14**	**28**	**164**	**38,0**	**40**	**6,22**	**1073**	**0,5**	**105**	
	72	3,70	14	29	166	38,5	41	7,10	1087	0,6	106	
	74	3,70	14	29	166	38,5	41	7,10	1087	0,6	106	
	76	3,67	15	29	169	39,0	42	7,98	1101	0,7	107	
	78	3,67	15	29	169	39,0	42	7,98	1101	0,7	107	
	80	**3,63**	**15**	**30**	**172**	**39,5**	**43**	**9,13**	**1119**	**0,83**	**108,33**	
	82	3,61	16	31	173	40,5	44	9,75	1128	0,9	109	4
	84	3,58	16	31	176	41,0	45	10,63	1142	1,0	110	
	86	3,55	16	31	178	41,5	46	11,51	1156	1,1	111	
	88	3,52	16	32	181	42,0	47	12,40	1170	1,2	112	
	90	3,49	17	32	183	42,5	48	13,28	1183	1,3	113	
5	92	3,46	17	33	186	43,5		14,16	1197	1,4	114	
	93	**3,43**	**17**	**34**	**188**	**44,0**		**15,05**	**1211**	**1,5**	**115**	
	94	3,39	18	34	190	44,5		15,93	1225	1,6	116	
	96	3,33	18	35	195	45,5		17,69	1252	1,8	118	5
	97,5	**3,27**	**19**	**36**	**200**	**47,0**		**19,46**	**1280**	**2,0**	**120**	
	>99,5	**2,96**	**22**	**41**	**224**	**53,0**		**28,29**	**1418**	**>3,0**	**>130**	
M		**3,89**	**12,37**	**25,87**	**151,58**	**34,98**	**35,7**	**1,80**	**1004**	**M**		
SD		**0,31**	**3,36**	**5,09**	**24,25**	**5,95**	**9,12**	**8,83**	**138**	**SD**		
N		**673**	**178**	**13949**	**154**	**178**	**177**	**178**	**196**	**N**		

© Bös/FoSS Karlsruhe/DMT 6-18

Normwerttabelle für 17-/18-jährige Jungen

Q	PR	20m	LS	SU	SW	SHH	Bal	RB	6-Min	z	Z	LK
	<0,5	4,34	5	18	127	15,0	7	-29,39	785	<-3,0	<70	
	2,5	4,06	8	23	154	22,5	16	-20,28	972	-2,0	80	
	4	4,00	9	24	160	24,0	18	-18,46	1009	-1,8	82	1
	6	3,95	10	25	165	25,5	20	-16,64	1047	-1,6	84	
	7	3,92	10	26	168	26,0	21	-15,73	1066	-1,5	85	
	8	3,89	10	26	171	27,0	22	-14,81	1084	-1,4	86	
1	10	3,86	11	26	173	27,5	23	-13,90	1103	-1,3	87	
	12	3,84	11	27	176	28,5	24	-12,99	1122	-1,2	88	
	14	3,81	11	27	179	29,0	24	-12,08	1140	-1,1	89	
	16	3,78	12	28	182	30,0	25	-11,17	1159	-1,0	90	
	18	3,75	12	28	184	30,5	26	-10,26	1178	-0,9	91	2
	20	3,73	12	28	186	31,0	27	-9,62	1191	-0,83	91,67	
	22	3,70	13	29	190	32,0	28	-8,44	1215	-0,7	93	
	24	3,70	13	29	190	32,0	28	-8,44	1215	-0,7	93	
	26	3,67	13	30	192	33,0	29	-7,53	1234	-0,6	94	
	28	3,67	13	30	192	33,0	29	-7,53	1234	-0,6	94	
	30	3,64	13	30	195	33,5	30	-6,62	1253	-0,5	95	
2	32	3,64	13	30	195	33,5	30	-6,62	1253	-0,5	95	
	34	3,61	14	31	198	34,5	31	-5,70	1271	-0,4	96	
	36	3,61	14	31	198	34,5	31	-5,70	1271	-0,4	96	
	38	3,58	14	31	201	35,0	32	-4,79	1290	-0,3	97	
	40	3,57	14	31	202	35,5	32	-4,34	1299	-0,25	97,5	
	42	3,56	15	32	203	36,0	33	-3,88	1309	-0,2	98	
	44	3,56	15	32	203	36,0	33	-3,88	1309	-0,2	98	
	46	3,53	15	32	206	36,5	34	-2,97	1327	-0,1	99	
	48	3,53	15	32	206	36,5	34	-2,97	1327	-0,1	99	3
	50	3,50	15	33	209	37,5	35	-2,06	1346	0,0	100	
3	52	3,47	16	33	211	38,0	35	-1,15	1365	0,1	101	
	54	3,47	16	33	211	38,0	35	-1,15	1365	0,1	101	
	56	3,44	16	34	214	39,0	36	-0,24	1383	0,2	102	
	58	3,44	16	34	214	39,0	36	-0,24	1383	0,2	102	
	60	3,43	16	34	215	39,0	36	0,22	1393	0,25	102,5	
	62	3,42	17	35	217	39,5	37	0,67	1402	0,3	103	
	64	3,39	17	35	220	40,5	38	1,58	1421	0,4	104	
	66	3,39	17	35	220	40,5	38	1,58	1421	0,4	104	
	68	3,36	17	35	222	41,0	39	2,50	1440	0,5	105	
	70	3,36	17	35	222	41,0	39	2,50	1440	0,5	105	
4	72	3,33	17	36	225	42,0	40	3,41	1458	0,6	106	
	74	3,33	17	36	225	42,0	40	3,41	1458	0,6	106	
	76	3,30	18	36	228	42,5	41	4,32	1477	0,7	107	
	78	3,30	18	36	228	42,5	41	4,32	1477	0,7	107	
	80	3,27	18	37	231	43,5	42	5,50	1501	0,83	108,33	4
	82	3,25	19	38	233	44,0	43	6,14	1514	0,9	109	
	84	3,22	19	38	236	45,0	44	7,05	1533	1,0	110	
	86	3,19	19	38	239	45,5	45	7,96	1552	1,1	111	
	88	3,16	19	39	241	46,5	45	8,87	1570	1,2	112	
	90	3,14	20	39	244	47,0	46	9,78	1589	1,3	113	
5	92	3,11	20	40	247	48,0	47	10,69	1608	1,4	114	
	93	3,08	20	40	249	48,5	48	11,61	1627	1,5	115	
	94	3,05	21	41	252	49,5		12,52	1645	1,6	116	
	96	3,00	21	42	258	51,0		14,34	1683	1,8	118	5
	97,5	2,94	22	43	263	52,5		16,16	1720	2,0	120	
	>99,5	2,66	26	48	290	60,0		25,27	1907	>3,0	>130	
M		3,50	15,19	32,85	208,69	37,35	34,53	-2,06	1346	M		
SD		0,28	3,44	4,90	27,13	7,47	9,12	9,11	187	SD		
N		1149	172	12443	172	172	172	172	142	N		

Normwerttabelle für 17-/18-jährige Mädchen

Q	PR	20m	LS	SU	SW	SHH	Bal	RB	6-Min	z	Z	LK
1	**<0,5**	**4,82**	**2**	**12**	**79**	**17,5**	**9**	**-25,53**	**590**	**<-3,0**	**<70**	1
	2,5	**4,51**	**6**	**17**	**103**	**23,5**	**18**	**-16,42**	**728**	**-2,0**	**80**	
	4	4,45	6	18	108	24,5	20	-14,60	756	-1,8	82	
	6	4,39	7	19	113	26,0	21	-12,78	783	-1,6	84	
	7	**4,36**	**7**	**19**	**115**	**26,5**	**22**	**-11,87**	**797**	**-1,5**	**85**	
	8	4,32	8	20	118	27,0	23	-10,95	811	-1,4	86	2
	10	4,29	8	20	120	27,5	24	-10,04	825	-1,3	87	
	12	4,26	8	20	122	28,5	25	-9,13	838	-1,2	88	
	14	4,23	9	21	125	29,0	26	-8,22	852	-1,1	89	
	16	4,20	9	21	127	29,5	27	-7,31	866	-1,0	90	
	18	4,17	9	22	130	30,0	28	-6,40	880	-0,9	91	
	20	**4,15**	**9**	**22**	**131**	**30,5**	**28**	**-5,76**	**889**	**-0,83**	**91,67**	
2	22	4,11	10	23	135	31,5	30	-4,58	907	-0,7	93	
	24	4,11	10	23	135	31,5	30	-4,58	907	-0,7	93	
	26	4,08	10	23	137	32,0	31	-3,67	921	-0,6	94	
	28	4,08	10	23	137	32,0	31	-3,67	921	-0,6	94	
	30	**4,05**	**11**	**24**	**139**	**32,5**	**31**	**-2,76**	**935**	**-0,5**	**95**	3
	32	4,05	11	24	139	32,5	31	-2,76	935	-0,5	95	
	34	4,01	11	24	142	33,0	32	-1,84	949	-0,4	96	
	36	4,01	11	24	142	33,0	32	-1,84	949	-0,4	96	
	38	3,98	11	24	144	33,5	33	-0,93	963	-0,3	97	
	40	**3,97**	**11**	**24**	**146**	**34,0**	**33**	**-0,48**	**970**	**-0,25**	**97,5**	
3	42	3,95	12	25	147	34,5	34	-0,02	976	-0,2	98	
	44	3,95	12	25	147	34,5	34	-0,02	976	-0,2	98	
	46	3,92	12	26	149	35,0	35	0,89	990	-0,1	99	
	48	3,92	12	26	149	35,0	35	0,89	990	-0,1	99	
	50	**3,89**	**12**	**26**	**152**	**35,5**	**36**	**1,80**	**1004**	**0,0**	**100**	
	52	3,86	13	27	154	36,0	37	2,71	1018	0,1	101	
	54	3,86	13	27	154	36,0	37	2,71	1018	0,1	101	
	56	3,83	13	27	156	37,0	38	3,62	1032	0,2	102	
	58	3,83	13	27	156	37,0	38	3,62	1032	0,2	102	
	60	**3,81**	**13**	**27**	**158**	**37,0**	**38**	**4,08**	**1039**	**0,25**	**102,5**	
4	62	3,80	14	28	159	37,5	39	4,53	1045	0,3	103	
	64	3,77	14	28	161	38,0	40	5,44	1059	0,4	104	
	66	3,77	14	28	161	38,0	40	5,44	1059	0,4	104	
	68	3,74	14	29	164	38,5	41	6,36	1073	0,5	105	
	70	**3,74**	**14**	**29**	**164**	**38,5**	**41**	**6,36**	**1073**	**0,5**	**105**	4
	72	3,70	14	29	166	39,0	42	7,27	1087	0,6	106	
	74	3,70	14	29	166	39,0	42	7,27	1087	0,6	106	
	76	3,67	15	30	169	40,0	42	8,18	1101	0,7	107	
	78	3,67	15	30	169	40,0	42	8,18	1101	0,7	107	
	80	**3,63**	**15**	**30**	**172**	**40,5**	**43**	**9,36**	**1119**	**0,83**	**108,33**	
5	82	3,61	16	31	173	41,0	44	10,00	1128	0,9	109	
	84	3,58	16	31	176	41,5	45	10,91	1142	1,0	110	
	86	3,55	16	32	178	42,0	46	11,82	1156	1,1	111	
	88	3,52	16	32	181	43,0	47	12,73	1170	1,2	112	
	90	3,49	17	33	183	43,5	48	13,64	1183	1,3	113	
	92	3,46	17	33	186	44,0		14,55	1197	1,4	114	
	93	**3,43**	**17**	**34**	**188**	**44,5**		**15,47**	**1211**	**1,5**	**115**	5
	94	3,39	18	34	190	45,0		16,38	1225	1,6	116	
	96	3,33	18	35	195	46,5		18,20	1252	1,8	118	
	97,5	**3,27**	**19**	**36**	**200**	**47,5**		**20,02**	**1280**	**2,0**	**120**	
	>99,5	**2,96**	**22**	**41**	**224**	**53,5**		**29,13**	**1418**	**>3,0**	**>130**	
M		**3,89**	**12,37**	**26,36**	**151,58**	**35,56**	**36,04**	**1,80**	**1004**	**M**		
SD		**0,31**	**3,36**	**4,90**	**24,25**	**6,05**	**9,12**	**9,11**	**138**	**SD**		
N		**673**	**175**	**12113**	**154**	**175**	**178**	**178**	**196**	**N**		

© Bös/FoSS Karlsruhe/DMT 6-18

Erfassungsbogen

dmt 6-18
Deutscher Motorik-Test

Testperson:____________________________

Geschlecht: m ☐ w ☐ Testdatum:__________ Uhrzeit:________

Größe:______ m Gewicht:______kg Geburtsdatum:____________________

20m-Sprint (Erklärung, kein Probeversuch)

Hinweis: **Externer Starter, Zeitnahme auf Höhe der Ziellinie!**

Versuch 1 ☐ , ☐☐ **Sek.** Versuch 2 ☐ , ☐☐ **Sek.**

Balancieren Rückwärts (Erklärung & Demo, pro Balken 1x vor- und rückwärts zur Probe)

Hinweis: Der 1. Schritt zählt nicht! Schritte werden gezählt, bis es zur Bodenberührung kommt oder 8 Punkte (Schritte) erreicht sind.

1. (6 cm-Balken, max. 8 Punkte) Versuch 1 ☐ Versuch 2 ☐

2. (4,5 cm- Balken, max. 8 Punkte) Versuch 1 ☐ Versuch 2 ☐

3. (3 cm- Balken, max. 8 Punkte) Versuch 1 ☐ Versuch 2 ☐

Summe aller 6 Versuche ☐☐

Seitliches Hin- und Herspringen (Erklärung & Demo, 5 Probesprünge)

Hinweis: **Höchste KONZENTRATION** beim Zählen und gleichzeitig Uhr im Blick halten!

Versuch 1 ☐☐ Versuch 2 ☐☐

15 Sekunden **1 Minute Pause** 15 Sekunden

Rumpfbeuge (Erklärung & Demo, kein Probeversuch)

Hinweis: Kniegelenke dürfen nicht gebeugt werden! Nach dem ersten Versuch kurz aufrichten, langsam und ohne Schwung durchführen!

Versuch 1 ☐☐☐ **cm** ☐ **mm** Versuch 2 ☐☐☐ **cm** ☐ **mm**

Erfassungsbogen

Liegestütz (Erklärung & Demo, 2 Liegestütze zur Probe)

Hinweis: Nur korrekte Liegestütze zählen (Nur Hände und Füße Bodenkontakt, Hand wird oben abgeschlagen, Hände berühren sich auf dem Rücken, Beine und Oberkörper verlassen gleichzeitig den Boden).

Anzahl in 40 sec

Sit-ups (Erklärung & Demo, 2 Sit-ups zur Probe)

Hinweis: Beim Ablegen müssen die Schulterblätter den Boden berühren, beim Aufrollen berühren die Ellenbogen die Knie.

Anzahl in 40 sec

Standweitsprung (Erklärung & Demo, kein Probeversuch)

Hinweis: So weit wie möglich springen! Nach hinten fallen oder greifen zählt nicht!

Versuch 1 **cm** Versuch 2 **cm**

6-Minuten-Lauf (Erklärung, kein Probeversuch)

Hinweis: Vorher Schnürsenkel kontrollieren! Kinder motivieren!

Anzahl der Runden Reststrecke **m** (d.h. gelaufene Meter der letzten nicht vollendeten Runde)

18 m

9 m

Gesamtstrecke **m**

Anzahl der vollen Runden (Zählhilfe):

1	2	3	4	5	6	7	8	9	10	11	12	13	14	15	16	17	18	19	20	21	22	23	24	25	26	27

Auswertungsbogen

dmt 6-18
Deutscher Motorik-Test

Name:____________________ Geburtsdatum:______________

Größe:____________________ Gewicht:__________________

Testaufgabe	Rohwert	Z-Wert	Dimensionsergebnis
6-Min-Lauf (m)			
20m-Sprint (sec)			
Sit-ups (Anzahl)			
Liegestütz (Anzahl)			
Standweitsprung (cm)			
Balancieren rw (Schritte)			
Seitlich Hin und Her (Sprünge)			
Rumpfbeuge (cm)			

Gesamtwert: [ ]

(Summe aller Z-Werte mit Ausnahme der Rumpfbeuge dividiert durch 7)

Profilauswertung
(Die Dimensionsergebnisse in die entsprechenden Kästchen eintragen und anschließend die Zahlen mit Linien verbinden)

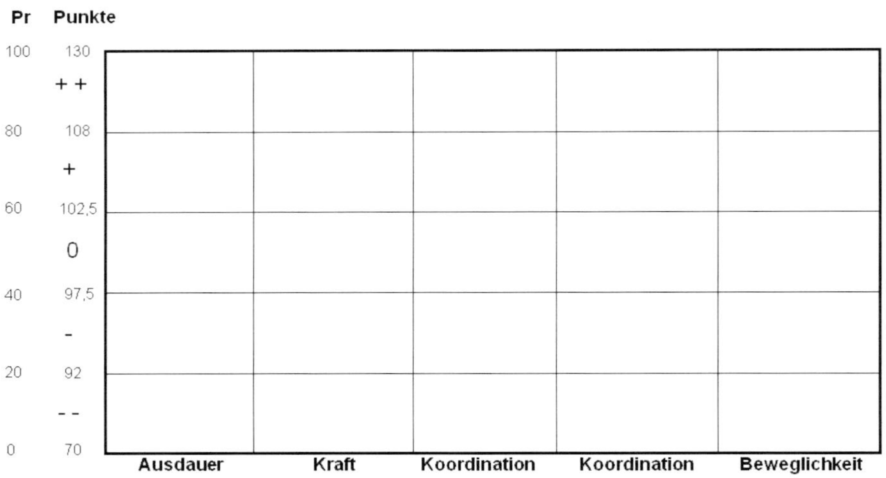

Testprofil: A B C D

Die Deutsche Vereinigung für Sportwissenschaft (dvs) ist ein Zusammenschluss der an sportwissenschaftlichen Einrichtungen in der Bundesrepublik Deutschland in Lehre und Forschung tätigen Wissenschaftler/innen. Die dvs wurde 1976 in München gegründet und verfolgt das Ziel, die Sportwissenschaft zu fördern und weiterzuentwickeln. Sie sieht ihre Aufgabe insbesondere darin:

- die Forschung anzuregen und zu unterstützen,
- gute wissenschaftliche Praxis auf der Grundlage berufsethischer Grundsätze zu sichern,
- die Kommunikation zwischen verschiedenen Disziplinen zu verbessern,
- die Lehre zu vertiefen und Beratung zu leisten,
- zu Fragen von Studium und Prüfung Stellung zu nehmen sowie den Nachwuchs zu fördern,
- regionale Einrichtungen bei der Strukturentwicklung zu unterstützen,
- die Personalstruktur wissenschafts- und zeitgerecht weiterzuentwickeln,
- die Belange der Sportwissenschaft im nationalen und internationalen Bereich zu vertreten.

Die Aufgaben werden durch die Arbeit verschiedener Organe erfüllt. Höchstes Organ der dvs ist die Hauptversammlung, der alle Mitglieder angehören und die mindestens alle zwei Jahre einmal tagt. Zwischen den Sitzungen der Hauptversammlung übernimmt deren Aufgaben der Hauptausschuss, dem außer dem dvs-Präsidium Vertreter/innen der Sektionen und Kommissionen angehören. Das dvs-Präsidium besteht aus Präsident/in, Schatzmeister/in (Vizepräsident/in Finanzen) sowie bis zu vier weiteren Vizepräsidenten/innen. Zur Unterstützung der Arbeit des Präsidiums ist ein/e Geschäftsführer/in tätig.

Weitere Organe der dvs sind der Ethik-Rat sowie die Sektionen und Kommissionen, die Symposien, Tagungen und Workshops durchführen. Sektionen gliedern sich nach sportwissenschaftlichen Disziplinen und Themenfeldern; Kommissionen befassen sich problemorientiert mit Fragestellun-gen einzelner Sportarten bzw. Sportbereiche. Für besondere, zeitbegrenzte Fragen können ad-hoc-Ausschüsse gebildet werden. Zurzeit sind in der dvs tätig:

- **Sektionen:** Biomechanik, Sportgeschichte, Sportinformatik, Sportmedizin, Sportmotorik, Sportökonomie, Sportpädagogik, Sportphilosophie, Sportpsychologie, Sportsoziologie, Trainingswissenschaft
- **Kommissionen:** »Bibliotheksfragen, Dokumentation, Information« (BDI), Fußball, Gerätturnen, Geschlechterforschung, Gesundheit, Leichtathletik, Schneesport, Schwimmen, »Sport und Raum«, Sportspiele, Tennis, »Wissenschaftlicher Nachwuchs«
- **ad-hoc-Ausschüsse:** Digitale Medien, Elementarbereich, Motorische Tests, Sportentwicklungsplanung.

Mitglied in der dvs kann jede/r werden, die/der in der Bundesrepublik Deutschland hauptamtlich in Lehre und Forschung an einer sportwissenschaftlichen Einrichtung tätig ist, die/der sportwissenschaftliche Arbeiten veröffentlicht hat oder einen sportwissenschaftlichen Studienabschluss (Diplom, Magister, Promotion) nachweisen kann. Auf Beschluss des dvs-Präsidiums weitere Personen Mitglied werden. Auch können Institutionen oder Vereinigungen Mitglieder der dvs werden, wenn ihre Zielsetzung der der dvs entspricht.

Mitglieder der dvs haben die Möglichkeit, an der Meinungsbildung zu sport- und wissenschaftspolitischen Fragen mitzuwirken. Darüber hinaus ermöglicht die Mitgliedschaft in der dvs u.a. eine kostengünstige Teilnahme an allen dvs-Veranstaltungen sowie am alle zwei Jahre stattfindenden »Sportwissenschaftlichen Hochschultag«, den Erwerb der Bücher der dvs-Schriftenreihe und den Bezug der Zeitschrift »Sportwissenschaft« zu ermäßigten Mitgliederpreisen. Der formlose Antrag auf Mitgliedschaft ist zu richten an die **dvs-Geschäftsstelle, Postfach 73 02 29, D-22122 Hamburg, Tel.: (040) 67 94 12 12, Fax: (040) 67 94 12 13, eMail: info@sportwissenschaft.de.**

Weitere Informationen zur dvs finden Sie im Internet unter: **www.sportwissenschaft.de**

Schriften der Deutschen Vereinigung für Sportwissenschaft

Herausgeber: Deutsche Vereinigung für Sportwissenschaft e.V.

Band 145 **Hahmann: Sportives Handeln.** Gelebte Sportwissenschaft, 1. 2005. 248 S. ISBN 978-3-88020-446-1.

Band 146 **Wiemeyer (Hrsg.): Education, Research and New Media – Chances and Challenges for Science.** 2005. 240 S. ISBN 978-3-88020-448-5.

Band 147 **Seelig, Göhner & Fuchs (Hrsg.): Selbststeuerung im Sport.** 2005. 152 S. ISBN 978-3-88020-449-2.

Band 149 **Leuchte (Hrsg.): Sportmotorik – Konzepte, Repräsentationen und Visionen.** Gelebte Sportwissenschaft, 2. 2005. 88 S. ISBN 978-3-88020-451-5.

Band 150 **Laging & Prohl (Hrsg.): Bewegungskompetenz als Bildungsdimension.** Reprints aus den dvs-Bänden 104 und 120. 2005. 256 S. ISBN 978-3-88020-452-2.

Band 151 **Würth u.a. (Hrsg.): Sport in Europa.** 17. Sportwissenschaftlicher Hochschultag. 2005. 368 S. ISBN 978-3-88020-454-6.

Band 152 **Roscher (Hrsg.): Können und Wissen. Zum Verhältnis von Theorie und Praxis im Studium des Gerätturnens.** 2005. 164 S. ISBN 978-3-88020-455-3.

Band 153 **Wohlgefahrt & Michel (Hrsg.): Beiträge zur speziellen Trainingswissenschaft Leichtathletik.** 2006. 256 S. ISBN 978-3-88020-461-4.

Band 154 **Krüger & Schulze (Hrsg.): Fußball in Geschichte und Gesellschaft.** 2006. 240 S. ISBN 978-3-88020-462-1.

Band 155 **Halberschmidt & Strauß (Hrsg.): Elf Freunde sollt ihr sein!?** 2006. 168 S. ISBN 978-3-88020-464-5.

Band 156 **Miethling & Krieger (Hrsg.): Zum Umgang mit Vielfalt als sportpädagogische Herausforderung.** 2006. 324 S. ISBN 978-3-88020-470-6.

Band 157 **Ferrauti & Remmert (Hrsg.): Trainingswissenschaft im Freizeitsport.** 2006. 316 S. ISBN 978-3-88020-472-0.

Band 158 **Wydra, Winchenbach, Schwarz & Pfeifer (Hrsg.): Assessmentverfahren in Gesundheitssport und Bewegungstherapie.** 2006. 188 S. ISBN 978-3-88020-473-7.

Band 159 **Gieß-Stüber & Sobiech (Hrsg.): Gleichheit und Differenz in Bewegung.** 2006. 188 S. ISBN 978-3-88020-474-4.

Band 160 **Fritz: Stark durch Sport – stark durch Alkohol?** Forum Sportwissenschaft, 12. 2006. 216 S. ISBN 978-3-88020-477-5.

Band 161 **Thiel, Meier & Digel (Hrsg): Der Sportlehrerberuf im Wandel.** 2006. 324 S. ISBN 978-3-88020-478-2.

Band 162 **Hottenrott (Hrsg.): Herzfrequenzvariabilität: Methoden und Anwendungen in Sport und Medizin.** 2006. 280 S. ISBN 978-3-88020-480-5.

Band 163 **Sudeck: Motivation und Volition in der Sport- und Bewegungstherapie.** Forum Sportwissenschaft, 13. 2006. 320 S. ISBN 978-3-88020-481-2.

Band 164 **Krüger & Langenfeld (Hrsg.): Olympische Spiele und Turngeschichte.** 2007. 184 S. ISBN 978-3-88020-483-6.

Band 165 **Scheid (Hrsg.): Sport und Bewegung vermitteln.** 2007. 360 S. ISBN 978-3-88020-484-3.

Band 166 **Ehrlenspiel u.a. (Hrsg.): Diagnostik und Intervention – Bridging the gap.** 2007. 168 S. ISBN 978-3-88020-485-0.

Band 167 **Blank: Dimensionen und Determinanten der Trainierbarkeit konditioneller Fähigkeiten.** Forum Sportwissenschaft, 14. 2007. 192 S. ISBN 978-3-88020-487-4.

Band 168 **Backhaus u.a. (Hrsg.): SportStadtKultur.** 18. Sportwissenschaftlicher Hochschultag. 2007. 368 S. ISBN 978-3-88020-490-4.

Band 169 **Hartmann-Tews & Dahmen (Hrsg.): Sportwissenschaftliche Geschlechterforschung im Spannungsfeld von Theorie, Politik und Praxis.** 2007. 224 S. ISBN 978-3-88020-491-1.

Band 170 **Braun & Hansen (Hrsg.): Steuerung im organisierten Sport.** 2008. 368 S. ISBN 978-3-88020-493-5.

Band 171 **Bindel: Soziale Regulierung in informellen Sportgruppen.** Forum Sportwissenschaft, 15. 2008. 280 S. ISBN 978-3-88020-495-9.

Band 172 **Wegner, Pochstein & Pfeifer (Hrsg.): Rehabilitation: Zwischen Bewegungstherapie und Behindertensport.** 2008. 160 S. ISBN 978-3-88020-499-7.

Band 173 **Halberschmidt: Psychologische Schulsport-Unfallforschung.** Forum Sportwissenschaft, 16. 2008. 188 S. ISBN 978-3-88020-500-0.

Band 174 **Knoll & Woll (Hrsg.): Sport und Gesundheit in der Lebensspanne.** 2008. 424 S. ISBN 978-3-88020-502-4.

Band 175 **Oesterhelt u.a. (Hrsg.): Sportpädagogik im Spannungsfeld gesellschaftlicher Erwartungen, wissenschaftlicher Ansprüche und empirischer Befunde.** 2008. 316 S. ISBN 978-3-88020-503-1.

Band 176 **Sudeck u.a. (Hrsg.): Differentielle Sportpsychologie – Sportwissenschaftliche Persönlichkeitsforschung.** 2008. 152 S. ISBN 978-3-88020-506-2.

Band 177 **Roscher (Hrsg.): Ästhetik und Körperbildung.** 2008. 136 S. ISBN 978-3-88020-507-9.

Band 178 **Weigelt-Schlesinger: Geschlechterstereotype – Qualifikationsbarrieren von Frauen in der Fußballtrainerausbildung?** Forum Sportwissenschaft, 17. 2008. 172 S. ISBN 978-3-88020-508-6.

Band 179 **Krüger (Hrsg.): »mens sana in corpore sano« – Gymnastik, Turnen, Spiel und Sport als Gegenstand der Bildungspolitik vom 18. bis zum 21. Jahrhundert.** 2008. 192 S. ISBN 978-3-88020-509-3.

Band 180 **Nagel u.a. (Hrsg.): Sozialisation und Sport im Lebensverlauf.** 2008. 132 S. ISBN 978-3-88020-511-6.

Band 181 **Lühnenschloß & Wastl (Hrsg.): Quo vadis olympische Leichtathletik?** 2008. 216 S. ISBN 978-3-88020-512-3.

Band 182 **Woll u.a. (Hrsg.): Sportspielkulturen erfolgreich gestalten.** 2008. 236 S. ISBN 978-3-88020-513-0.

Band 183 **Igel & Baca (Hrsg.): Update eLearning.** 2009. 160 S. ISBN 978-3-88020-514-7.

Band 184 **Schlesinger: Emotionen im Kontext sportbezogener Marketing-Events.** Forum Sportwissenschaft, 18. 2008. 264 S. ISBN 978-3-88020-515-4.

Band 185 **Frick (Hrsg.): Fußball in Schule und Verein – Eine Herausforderung für Forschung und Lehre.** Beiträge und Analysen zum Fußballsport, 15. 2009. 200 S. ISBN 978-3-88020-519-2.

Band 186 **Bös u.a.: Deutscher Motorik-Test 6–18 (DMT 6–18).** 2009. 116 S. ISBN 978-3-88020-520-8.

Band 187 **Bruns & Buss (Hrsg.): Sportgeschichte erforschen und vermitteln.** 2009. 208 S. ISBN 978-3-88020-526-0.

Band 188 **Pfeffer & Alfermann (Hrsg.): Menschen in Bewegung – Sportpsychologie zwischen Tradition und Zukunft.** 2009. 172 S. ISBN 978-3-88020-529-1.

Band 189 **Lames u.a. (Hrsg.): Gegenstand und Anwendungsfelder der Sportinformatik.** 2009. 212 S. ISBN 978-3-88020-527-7.

Band 190 **Brandl-Bredenbeck & Stefani (Hrsg.): Schulen in Bewegung – Schulsport in Bewegung.** 2009. 264 S. ISBN 978-3-88020-528-4.

Weitere Infos: www.sportwissenschaft.de